SPICKZETTEL FÜR LEHRER

W0178645

CARL-AUER

Inge Maria Mandac

Lehrer-Eltern-Konflikte systemisch lösen

2013

Reihe »Spickzettel für Lehrer«, hrsg. von
Christa Hubrig und Peter Herrmann
Reihengestaltung: Uwe Göbel und Jan Riemer
Satz: Heinrich Eiermann
Printed in Germany
Druck und Bindung: Kösel, Krugzell

Erste Auflage, 2013
ISBN 978-3-8497-0013-3
© 2013 Carl-Auer-Systeme Verlag
und Verlagsbuchhandlung GmbH, Heidelberg
Alle Rechte vorbehalten

Bibliografische Information Der Deutschen Nationalbibliothek
Die Deutsche Nationalbibliothek verzeichnet diese Publikation
in der Deutschen Nationalbibliografie; detaillierte bibliografische
Daten sind im Internet über http://dnb.d-nb.de abrufbar.

Unter der Internetadresse www.carl-auer.de/programm/
materialien/lehrerelternkonflikte_systemisch_loesen
stehen ergänzende Informationen, Anleitungen und Übungen
zum kostenlosen Download bereit.

Informationen zu unserem gesamten Programm, unseren Autoren
und zum Verlag finden Sie unter: www.carl-auer.de.

Wenn Sie Interesse an unseren monatlichen Nachrichten
aus der Vangerowstraße haben, können sie unter
http://www.carl-auer.de/newsletter den Newsletter abonnieren.

Carl-Auer Verlag GmbH
Vangerowstraße 14
69115 Heidelberg
Tel. 0 62 21 - 64 38 0
Fax 0 62 21 - 64 38 22
info@carl-auer.de

CARL-AUER

Spickzettel für Lehrer – systemisch Schule machen

»Hast du einen Spickzettel?« Diese Frage kennen wir noch aus der Schulzeit, aus der Schülerperspektive, wenn es darum ging, sich auf Prüfungen und Klassenarbeiten vorzubereiten. Wechseln wir die Rolle und Perspektive und stellen uns auf die andere Seite des Klassenzimmers, auf der die »Wissenden«, d. h. die Lehrer, stehen. Schnell wird deutlich: Bei aller Erfahrung gibt es doch erhebliche »Wissenslücken« im Umgang mit schwierigen Situationen, ob sie nun das Lernen selbst, die Schule als Organisation oder die Beziehungen und das Verhalten der Beteiligten betreffen.

Systemisch orientierte Pädagogen können sich hier ruhig und entspannt zurücklehnen, wohl wissend, dass sie selbst »Fragende« sind – Fragende bezüglich passender

Antworten auf die sich stets wandelnden und neu entstehenden Konfliktfelder in der Organisation Schule, zwischen Schülern und Lehrern, zwischen Schule und Eltern und auch mit dem politischen Umfeld von Schule.

Aus systemischer Sicht sind Schwierigkeiten immer mit Lernchancen verbunden. Wo der Blick vom Problem auf die Lösung wechselt, wo man statt hinderlichen Defiziten hilfreiche Ressourcen ins Auge fasst, kommt auch die Haltung in Bewegung. Ein gut platzierter Unterschied zieht dann oft viele positive Änderungen nach sich.

Die Bücher dieser Reihe wollen Einladungen sein, sich auf diese andere Sichtweise einzulassen. Sie sollen Lehrern, Erziehern und Schulleitern Methoden und Strategien zum täglichen Handeln anbieten, die Ihnen die Arbeit – und im besten Fall: das Leben – leichter machen. Sie sind auch Rezepte, die man ausprobieren und mit eigenen Zutaten verfeinern kann.

Wir wünschen Ihnen viel Spaß beim Lesen, Erfahren und Ausprobieren!

Die Herausgeber
Christa Hubrig & Peter Herrmann

Einleitung

Konflikte in der Schule entstehen im Spannungsfeld der Beziehung und der Kommunikation zwischen Lehrern und Eltern: Lehrer[1] beklagen das mangelnde Interesse vieler Eltern an einer konstruktiven Zusammenarbeit mit ihnen; die Eltern wiederum sehen ihre Kinder von Lehrern falsch beurteilt bzw. ungerecht und entmutigend behandelt.

Der Einzelne – die Lehrkraft, Mutter, Vater, Kind, die Gruppe – das Team, das Kollegium, die Organisation – die Schule, das Bildungsministerium – sind Systeme, die einerseits für sich und andererseits in Beziehung und Wechselwirkung zueinander stehen. Ein System ist vergleichbar mit einem empfindlichen Mobile, in dem jeder seinen Platz, seine Rolle bzw. Aufgabe einnimmt. Alle, die dazugehören, wirken zusammen und halten es in Balance. Wird das Mobile an einer Position in Bewegung gesetzt, sind alle Teile davon berührt. Es verliert seine Stabilität und ursprüngliche Ausgangslage. Es ordnet sich neu.

Dieser angestrebte Zustand des Gleichgewichts ist von kurzer Dauer, denn die Personen selbst und die

---

1 Im Hinblick auf die Lesbarkeit des Textes wurde in der Regel das maskuline grammatische Geschlecht gewählt.

Umgebung des Systems verändern sich fortlaufend. Dabei tauchen Herausforderungen auf – es entsteht Lösungs- und Wandlungsbedarf. Die beiden Mediatoren M. Oboth und G. Seils beschreiben das so:

> »Jede Kommunikation, jede Kooperation und jeder Konflikt impliziert die systemischen Aspekte:
> - der Persönlichkeit – dem Individuum mit seinen Prägungen
> - der Gruppe – der Interaktion zwischen den Persönlichkeiten
> - der Organisation – den Rahmenbedingungen des übergeordneten Systems.
>
> Zum einen prägen diese drei Ebenen die Kommunikation, und zum anderen haben sie Einfluss auf den Wandel« (Oboth & Seils 2006, S. 36 f.).

Entsprechend den Gesetzmäßigkeiten in und zwischen den Systemen werden Veränderungsprozesse ausgelöst, wenn an einer Position etwas geschieht.

Der lebendige, respektvolle Interaktionsprozess zwischen Schule und Elternhaus braucht die Bereitschaft des Einzelnen, bei Entwicklungs- und Lösungsprozessen mitzuwirken und zu handeln. So ist es sinnvoll zu prüfen, wo die Chance auf positive Veränderung wahrscheinlich wird, und zu differenzieren, worauf ich als Lehrkraft Einfluss habe – und worauf nicht:

- Was ist es, was ich ändern kann und will?
- Wo will ich Verantwortung übernehmen und Eigenaktivität entfalten?
- Welchen Nutzen bringt mir das?
- Wo ist es gemeinsam lösbar?
- Wen lade ich zur Kooperation ein?
- Wie gestalte ich die Kooperation?

   »Wenn Eltern über Lehrer und Lehrer über Eltern reden, hört es sich oft an, als lebten sie in einer zerrütteten Beziehung, die dringend einer Paartherapie bedarf.«
   (Andrea Schafroth 2006)

Den Gedanken »Paartherapie« greife ich sinnbildlich in der Idee auf, dass Kooperation und Verständigung sich zwischen Lehrern und Eltern weiterentwickelt und das System Schule das Elternhaus einlädt,

- die Organisation Schule als Bildungs- und Lebensraum zu verstehen, in dem alle am Bildungsprozess Beteiligten mit und voneinander lernen
- Ressourcen zu entdecken und diese für Wandlungs-

prozesse zu nutzen

- Wertschätzung und Empathie als Schlüsselfaktor erfolgreicher Kommunikation und Kooperation zu er-leben
- divergierende Sichtweisen, Werte und Einstellungen situations- und bedürfnisorientiert zu lösen.

Zu Inhalt und Aufbau des Buches

Dieser »Spickzettel« soll Lehrern zum einen Anregungen für das persönliche Konfliktmanagement geben und zum anderen Wege aufzeigen, wie sich das Zusammenwirken von Lehrern und Eltern zum Wohle der Kinder und Jugendlichen, das heißt für ihren Lern- und Schulerfolg, ressourcen- und lösungsorientiert gestalten lässt.

Teil I *(Klar und gelassen mit Konflikten umgehen)* widmet sich der Einzelfallanalyse von Konflikten zwischen einem Lehrer und den Eltern eines Schülers.

Teil II *(Präventiv handeln – Grundlagen gelingenden Zusammenwirkens zwischen Schule und Elternhaus bilden)* transferiert die in Teil I dargestellten Aspekte und lädt Eltern ein, in unterschiedlichen Kontexten ein Schulklima zu erschaffen, in dem Vertrauen wächst und Verantwortung übernommen wird. Es werden Anregungen zu Handlungsmodulen präsentiert, wie Eltern interaktiv und erlebnisorientiert in die Schulentwicklung eingebunden werden und mitwirken können.

In Kapitel 1 (Konflikte verstehen – Wissenswertes zur Konfliktklärung) wird erläutert, welches Potenzial Aggressionen in sich bergen und wie es zur Klärung von Konflikten erschlossen und genutzt werden kann. Des Weiteren wird das Konfliktklärungskonzept des amerikanischen Psychologen und Konfliktforschers Marshall B. Rosenberg in Verknüpfung mit dem Sender-Empfänger-Modell nach Schulz von Thun vorgestellt, und es wird gezeigt, wie beide zu gelingender Kommunikation beitragen können.

In Kapitel 2 (Konflikte klären – Strategien im Umgang mit Konflikten) wird an zwei typischen Beispielen aufgezeigt, wie der Lehrer auf der einen Seite seine Gelassenheit wahren und auf der anderen Seite empathisch auf das Anliegen der Eltern eingehen kann. Der beispielhafte Ablauf eines Konfliktklärungsgesprächs mit den grundlegenden Methoden der Gesprächsführung und Merkpunkte zum persönlichen Konfliktmanagement runden das Kapitel ab.

Kapitel 3 (Kooperation – miteinander einen sicheren Rahmen bilden) demonstriert, wie in der Elternarbeit Vertrauen aufgebaut und die Ressourcen der Beteiligten eingebracht werden können, um das Fundament für gelingende Kooperation zu legen.

Kapitel 4 (Kommunikation – miteinander reden und verstehen) präsentiert Praxisbausteine, die Kommunikation als vielschichtigen, mehrdeutigen Prozess transparent machen, und zeigt, wie mit dem Konzept der gewaltfreien Kommunikation Gesprächssituationen partnerschaftlich gestaltet werden können.

Kapitel 5 (Konflikte – miteinander klären und lösen) bietet Praxisbausteine an, die das allgemeine Konfliktverständnis erweitern, für andere Denkmuster sensibilisieren und Handlungskompetenzen zur Konfliktlösung vermitteln. Mit der Darstellung der Verfahren »Kollegiale Beratung« und »Mediation« und ihres Nutzens für die Schule schließt Teil II ab.

Teil I:

Klar und gelassen

mit Konflikten

umgehen

1 Konflikte verstehen – Wissenswertes zur Konfliktklärung

1.1 Aggressionen verstehen

Was verbirgt sich hinter Aggressionen und berührt mich?

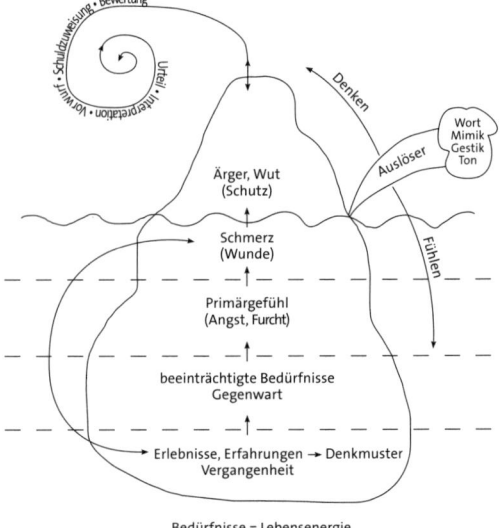

Abb. 1: Aggressionen verstehen (in Anlehnung an: Monika Oboth, Business Mediation Center, Königswinter)

Wut und Ärger sind kraftvolle Emotionen. Sie mobilisieren Energie für etwas Wesentliches, das bedroht oder beeinträchtigt ist und seinen Ausdruck in impulsiven Reaktionen findet.

Bewirkt das Verhalten eines Anderen in uns Wut und Ärger, so ist das Verhalten der *Auslöser*. Die *Ursache* ist das Denken, die Beschäftigung im Kopf mit dem Verhalten. Das Denken findet seinen Ausdruck in Urteilen, Vorwürfen, Interpretationen, Analysen, Schuldzuschreibungen usw. oder auch in körperlicher Gewalt.

Negativ bewertendes Denken ist der Nährboden, auf dem sich Aggressionen gegen Andere oder gegen sich selbst entwickeln. Diese Denkmuster gehen zurück auf unser Erleben in der Vergangenheit. Denkmuster *(Glaubenssätze)* sind Annahmen und Überzeugungen, die sich in uns aus unseren Erlebnissen oder Erfahrungen gebildet haben oder die wir von wichtigen Bezugspersonen in der Kindheit übernommen haben. Sie prägen unser Denken, Fühlen und Handeln. Sie werden auch als *Einstellungen* bezeichnet, das, was wir für wahr halten.

Marshall B. Rosenberg kennzeichnet Aggressionen als »tragischen Ausdruck unerfüllter Bedürfnisse«. Lebenserhalt, Autonomie, Integrität, Interdependenz, Spiel, Feiern, spirituelle Verbundenheit sind nach Rosenberg »Bedürfnisse«; sie bilden das Fundament unserer Lebensenergie und beeinflussen unsere Lebensqualität. Sind meine Bedürfnisse erfüllt, fühle ich mich wohl. Sind meine Bedürfnisse unerfüllt, fühle ich mich unbehaglich.

Aggression gegen Andere (Angriff) ist eine emotionale Schutzreaktion. Sie dient der Abwehr des gefürchteten Schmerzes und der z. B. damit verbundenen Scham, Schuld, Ohnmacht. Wir wollen Sicherheit gewinnen oder unsere Stärke zeigen.

Wut und Ärger sind unser Freund und Helfer. Sie sind wie Signallämpchen und sagen: »Ändere etwas – ich gebe Dir die Energie dafür!« Wut, die sich nicht auflöst und im Körper als aufgestaute Energie bleibt, kann eine Eigendynamik entwickeln und zu Groll auf Andere und sich selbst werden. Groll holt auf der Gedankenebene erneut alte Verletzungen und früher erlebten Schmerz, der damit in Verbindung steht, hervor. Er begünstigt die Entstehung von Krankheiten.

Das Verhalten des Anderen ist der *Auslöser* für unsere Gefühle, die *Ursache* ist das bedrohte oder beeinträchtigte

Bedürfnis. Gelingt es uns in einer Konfliktsituation, uns mit unseren Gefühlen und Bedürfnissen zu verbinden, können wir alte Denkstrukturen auflösen und neue, andere Wahrheiten erleben.

Aggressionen als Energiequelle für Veränderung und Entwicklung zu betrachten, sich ihrer einfühlend anzunehmen, sich der Bedürfnisse bewusst zu werden, sie anzuerkennen, setzt einen Prozess der Wandlung in Bewegung und unterbricht die Aggressionsspirale. Wir übernehmen Verantwortung für unsere Gefühle und Bedürfnisse.

1.2 Das Konfliktklärungskonzept von Marshall B. Rosenberg

Wie bleibe ich mit mir und dem Anderen in Verbindung? Das Konzept der *gewaltfreien Kommunikation* (GFK) des amerikanischen Psychologen und Konfliktforschers Marshall B. Rosenberg (2002) erschließt einen Weg dahin. Es präsentiert ein Lebensmodell, in dessen Mittelpunkt die empathische Verbindung zu sich selbst und zum Anderen steht, und eine Sprachmethode, die diese Haltung entfalten hilft. Das Modell von Rosenberg fügt sich nahtlos in die

Prinzipien systemischer, ressourcen- und lösungsorientierter Kommunikation ein (Hubrig u. Herrmann 2005).

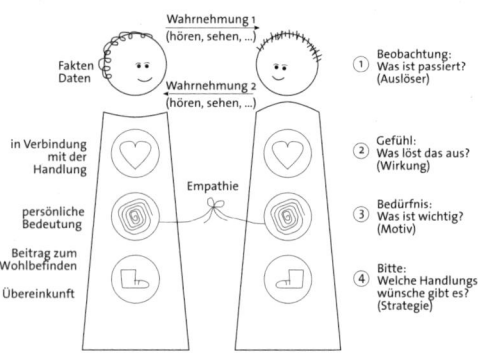

Abb. 2: Die vier Schritte der „gewaltfreien Kommunikation" nach Marshall B. Rosenberg (in Anlehnung an: Gabriele Seils, Konfliktklärung, Mediation, Training in gewaltfreier Kommunikation, Berlin)

Durch unsere Erlebnisse und Erfahrungen haben wir oftmals die Verbindung zu unseren Bedürfnissen verloren. Gewaltfreie Kommunikation lädt zu einem anderen Umgang mit sich selbst und anderen Menschen ein. Sie zeigt einen Weg, die eigenen Bedürfnisse und die des Anderen zu erkennen und Möglichkeiten für die Erfüllung der Bedürfnisse beider zu entdecken.

1.2.1 Grundannahmen

Der inneren Haltung bei der *gewaltfreien Kommunikation* liegen im Wesentlichen folgende Grundannahmen zugrunde:

- Richtig-oder-falsch-Urteile wirken trennend. Auf der Basis des Denkens von »richtig« oder »falsch«, »Recht« oder »Unrecht« ist die Chance auf Verständigung mühsam bis ausgeschlossen. Dieses Denken impliziert, er/sie/es sollte anders sein. Es äußert sich in Form von Verurteilung, Bewertung, Schuldzuweisung, Interpretation, Diagnose usw. zu einer Situation, einer Handlung und regt die Spirale der Eskalation eines Konfliktes an.

- Gefühle haben ihre Wurzeln in unerfüllten oder erfüllten Bedürfnissen. Die Wahrnehmung der Gefühle ist bedeutsam, weil sie uns Hinweise auf die Bedürfnisse geben und zum Handeln mobilisieren.

- Alles, was Menschen tun, sind Versuche, Bedürfnisse zu erfüllen. Bedürfnisse (z. B. Nahrung, Schutz, Anerkennung, Wertschätzung, Entspannung, Anregung, Entwicklung, Autonomie, Zugehörigkeit, Geborgenheit, Spiel usw.) sind ein Ausdruck der

Lebensenergie. Unsere Motivation zu handeln entsteht aus dem Wunsch, diese Bedürfnisse zu erfüllen. Alle Menschen haben die gleichen Bedürfnisse. Sie sind das Gemeinsame, das uns verbindet, und sind Erkennungsmerkmale. Durch sie erkennen wir uns im Anderen wieder. Zusammen mit einer jedem Menschen angeborenen inneren Ressource – dem Einfühlungsvermögen – bilden sie den Kern für die magische Fähigkeit, sich selbst und den Anderen zu verstehen. Verbindung gelingt, wenn wir einfühlend mit uns selbst und dem Anderen unsere Bedürfnisse erkennen und anerkennen.

· Die gelungene Verbindung auf der Ebene der Bedürfnisse löst Konflikte. Menschen sind grundsätzlich an guten Verbindungen interessiert. Erleben wir unser Geben als freiwillig, weckt es die in uns ruhende Freude und Bereitschaft, zum Wohlergehen anderer Menschen beizutragen. Der Einstieg in den Dialog über Wünsche oder Ziele ist geebnet. Eine Vielfalt von Lösungsstrategien und Übereinkunft wird möglich.

Empathie und Wertschätzung für sich und Andere sind Energielieferanten und Erfolgsfaktoren für gelingende Kommunikation und Konfliktklärung.

1.2.2 Die vier Schritte

Die Klärung von Konflikten im Gespräch erfolgt nach Marshall B. Rosenberg in vier Schritten. Sie schließen zugleich die bewusste Anwendung der »vier Seiten einer Nachricht« im Kommunikationsmodell von Friedrich Schulz von Thun (2013) ein, der davon ausgeht, dass eine Nachricht ein Paket von verbalen und nonverbalen Botschaften beinhaltet. »Sender« und »Empfänger« obliegt es, die Botschaften im Dialog zu entwirren und Klarheit zu schaffen. Jede Nachricht kann unter vier Aspekten gesagt und gehört werden: *Sachinhalt, Selbstoffenbarung, Beziehung* und *Appell*. Sender und Empfänger haben die Wahl, mit welchem »Mund« sie sprechen bzw. mit welchem »Ohr« sie etwas hören wollen.

Wie sage ich etwas so, dass ich gehört und verstanden werde?

Schritt 1: Die Beobachtung – Auslöser

(»Sachinhalt« nach Schulz von Thun)

Was ist geschehen?

Ich spreche aus, was ich genau gehört/gesehen habe – ohne Bewertungen, Urteile usw. einzuflechten.

Sinn: eine Beobachtung von einer Bewertung unterscheiden und Eskalation stoppen.

Schritt 2: Das Gefühl – Wirkung
(»Selbstoffenbarung« nach Schulz von Thun)
Was löst es aus?

Ich spreche aus, wie es mir in Verbindung mit der Handlung geht.

Sinn: ein Gefühl von einem Gedanken unterscheiden und sich der Gefühle bewusst werden, ihr Dasein erlauben und anerkennen

Wie unterscheide ich einen Gedanken von einem Gefühl?
Zum Beispiel:

· Ich fühle mich ausgenutzt.
· Ich habe das Gefühl, dass da was nicht stimmt.

Das sind Gedanken, Meinungen, Interpretationen über das Verhalten des Anderen. Um die unter dem Denken liegenden Gefühle zu identifizieren, ist es hilfreich zu fragen und nachzuspüren: Was fühle ich, wenn ich das denke?

· Wenn ich denke, ich werde ausgenutzt, dann fühle ich Wut.
· Wenn ich denke, dass da was nicht stimmt, fühle ich mich unsicher.

Schritt 3: Bedürfnis – Motiv

(»Selbstoffenbarung« nach Schulz von Thun)

Was ist wichtig?

Ich spreche aus, welche persönliche Bedeutung (unerfüllte oder erfüllte Bedürfnisse) hinter diesem Gefühl steht.

Sinn: ein Bedürfnis von einem Wunsch unterscheiden und sich der Bedürfnisse einfühlend bewusst werden; ihr Dasein erlauben und sich mit ihnen verbinden.

Schritt 4: Bitte – Strategie

(»Appell/Selbstoffenbarung/Beziehung« nach Schulz von Thun)

Welche Wege gibt es?

Gegebenenfalls äußere ich zunächst eine *Beziehungsbitte* und spreche dann einen konkreten Handlungswunsch aus, der sich auf die Bedürfnisse bezieht und der meine/ unsere Lebensqualität bereichern würde.

Sinn: eine Bitte von einer Forderung unterscheiden und sich über Wünsche und Bereitschaften miteinander austauschen, gemeinsam Strategien entwickeln und sich einigen.

Es werden folgende Bitten unterschieden:

- Eine *Beziehungsbitte* dient dazu, die Beziehung zu klären.

  »Wenn Du das hörst, wie geht es Dir damit? Wie ist das bei Dir angekommen?«

- Eine *Handlungsbitte* beinhaltet einen konkreten Handlungswunsch.

  »Ich bitte dich ... Ich habe die Idee/den Wunsch, dass ... »Sage mir, ob du bereit bist ... Welche Idee hast du?«

- Eine *Bitte an sich selbst* dient meinem Selbstmanagement.

  »Ich vereinbare mit mir selbst: Ich brauche Ruhe, Abstand, ... Ich gönne mir eine Pause.«

Im »Eifer des Gefechtes«, aktivieren sich gerne alte Denkstrukturen und Verhaltensmuster. Stolpersteine und Herausforderungen in der Kommunikation sind es – neben Interpretationen, Urteilen – die nonverbalen Signale wie Mimik, Gestik, Ton, die die Botschaft zu einer Wertung werden lassen.

Gewaltfreie Kommunikation ist in unserer Gesellschaft ungewöhnlich. Es bedarf der Geduld und Ausdauer mit sich selbst, diese Art und Weise der Kommunikation zu erproben und anzuwenden. Die Sichtweise, dass jeder bewusste Rückschritt ein Fortschritt ist, gibt uns jeden Tag, jeden Moment erneut die Chance, unsere Gefühle und Bedürfnisse anders zu kommunizieren und mit uns selbst stimmig zu leben.

Empathie mit uns selbst und dem Anderen befähigt uns, gelassen mit herausfordernden Situationen im privaten und beruflichen Umfeld umzugehen.

2 Konflikte klären –
Strategien im Umgang mit Konflikten

Im Folgenden wird an zwei Beispielen idealtypisches Handeln des Lehrers – im Sinne des oben dargestellten Kommunikationsmodells nach Rosenberg – illustriert.

2.1 Beispiel 1 – Bewusst mit den eigenen Ressourcen umgehen

Nicht selten glauben Eltern, dass (Klassen-)Lehrer »rund um die Uhr« verfügbar sein sollten.

2.1.1 »Unmöglich, mich um diese Zeit anzurufen!«

Es ist Sonntagabend, 20.00 Uhr. Frau Hansen, Lehrerin der Klasse 7b einer Gemeinschaftsschule, hat sich am Nachmittag auf den Unterricht am Montag vorbereitet und eine Klassenarbeit korrigiert. Jetzt schaut sie sich die Nachrichten an, und anschließend will sie in ihrem neuen Buch lesen. Sie freut sich auf die Entspannung. Das Telefon klingelt. Frau Hansen schaut auf das Display des Telefons, um zu erkennen, wer der Anrufer sein könnte. Sie sieht, dass es die Nummer der Mutter einer Schülerin ist und denkt: »Die schon wieder! Es ist Sonntagabend!!! Die spinnt wohl!« Sie beschließt, den Anruf nicht anzunehmen. Während Frau Hansen sich in ihre Lektüre vertieft, klingelt das Telefon mehrfach.

Sie denkt: »Das geht ja wohl gar nicht! Rücksichtslos!« Frau Hansen nimmt die Anrufe nicht an. Um 21.30 Uhr klingelt das Telefon erneut. Sie denkt: »Die sollte mal auf die Uhr gucken! Muss ja sehr wichtig sein. Ein Notfall?!«

Wie gehe ich mit der Situation um?
Selbstreflexion: Sich den Raum geben, mit sich selbst empathisch umzugehen
Welche Gefühle tauchen in mir auf? Wie geht es mir damit?

Zum Beispiel: Wut, Ärger, Empörung, Angst, Frust, Unsicherheit, Mitgefühl mit dem Kind

Welche meiner Bedürfnisse, Interessen sind beeinträchtigt? Was ist mir wichtig? Was brauche ich?

Zum Beispiel: Ruhe, Entspannung, Distanz, Rücksicht, Klarheit, Sicherheit, Selbstbestimmtheit

Welche Handlungswünsche kommen mir dazu in den Sinn? Wozu bin ich bereit? Womit würde es mir gut gehen?

Zum Beispiel: um Klarheit, Sicherheit zu gewinnen und Information zu erhalten, was dem anderen wichtig sein mag, den Anruf entgegennehmen – oder selbstbestimmt den zu mir passenden Zeitpunkt für das Elterngespräch wählen und am nächsten Tag Kontakt zu der Mutter aufnehmen

Die Lehrerin entscheidet sich, den Anruf entgegenzunehmen. Die Mutter sagt erregt: »Endlich erreiche ich Sie! Meine Tochter kommt mit der Hausaufgabe nicht zurecht. So kompliziert, wie die Aufgabe gestellt wurde, das habe ja sogar ich nicht verstanden! Und wenn sie die Aufgaben morgen nicht hat, dann ist ihre gute Note hin! Ganz abgesehen davon, dass sie wieder wie die Doofe vor der Klasse dasteht.«

Welche Gefühle tauchen jetzt in mir auf?

Zum Beispiel: Ärger, Mitgefühl

Was ist mir wichtig?

Zum Beispiel: Respekt, Achtung, Eigenverantwortlichkeit, Kooperation, persönlicher Austausch

Wie bleibe ich jetzt bei mir und zugleich empathisch mit der Mutter?

Zum Beispiel: Perspektive und Bereitschaft, der Tochter am nächsten Tag Hilfestellung zu geben; Bitte, dass die Sprechzeiten eingehalten werden; Klärung, was ein Notfall ist und Sprechzeiten außer Kraft setzt; Wunsch und/oder Bereitschaft, ein Gespräch zu einem passenden Zeitpunkt mit der Mutter zu führen

Wie bereite ich mich auf das Gespräch mit der Mutter und dem Kind vor?

Perspektivenwechsel: Sich in den Anderen einfühlen und weitere Handlungsoptionen finden
Wie mag es der Mutter/der Tochter gehen?

Zum Beispiel: Angst, Unsicherheit, Ärger, Hilflosigkeit, Verzweiflung

Was mag das Interesse, das Bedürfnis der Mutter/Tochter sein? Was mag ihr wichtig sein? Was mag sie brauchen?

Zum Beispiel: Verständnis, Hilfe, Sicherheit, Anerkennung

Was mag die Bitte der Mutter/Tochter an die Lehrerin sein? Wodurch würde sich ihre Situation verbessern?

Zum Beispiel: Information erhalten; ggf. die Aufgabe noch einmal anders formulieren; Entlastung bekommen; Zuversicht gewinnen, andere Wege zu finden im Umgang mit ähnlichen Situationen; Anregungen erhalten, was eigenverantwortliches Handeln fördert

Selbstreflexion: Für sich selbst Klarheit gewinnen, was in der eigenen und was in der Verantwortung des Anderen liegt.
Was liegt nach meiner Auffassung in meiner Verantwortung?

Zum Beispiel: Ermutigung der Schülerin, frühzeitig um meine Hilfe zu bitten; Maßnahmen zur Unterstützung der Selbstständigkeit und Eigenverantwortung der Schülerin

anbieten; Reflexion der Aufgabenstellung; Unterstützungs-
management innerhalb der Klasse organisieren

*Was liegt nach meiner Auffassung in der Verantwortung der
anderen Beteiligten (Eltern, Kind)?*

Zum Beispiel: Kooperation in der Unterstützung der
Selbstständigkeit und Eigenverantwortung der Tochter;
Aufgaben zu einem früheren Zeitpunkt bearbeiten; ein
passendes anderes Zeitmanagement finden.

2.2 Beispiel 2 – Mit heftigen Angriffen umgehen

Im Schulalltag werden Lehrkräfte unerwartet von Eltern
aufgesucht, die aus verschiedenen Gründen, z. B. wegen
der Notengebung, wegen des Verhaltens eines Lehrers
gegenüber ihrem Kind empört sind. Dabei werden sie
von den Eltern persönlich angegriffen und verletzt.

2.2.1 »So eine Ungerechtigkeit!«

Die Mutter eines Schülers der Klasse 6d eines Gymnasiums
sucht die Fachlehrerin für Englisch in der großen Pause auf. Ihr
Sohn hat in der letzten Klassenarbeit eine »Fünf« geschrieben.
Max ist in der Erprobungsstufe, seine endgültige Aufnahme in
die Klasse 7 des Gymnasiums erscheint durch dieses Ergebnis

gefährdet. Es hat sich schon seit Längerem in denErprobungs-stufenkonferenzen abgezeichnet, dass Max wahrscheinlich für die Schulform »nicht geeignet« ist, da er in allen schriftlichen Fächern nur bei »Ausreichend« liegt. Das wurde den Eltern, denen sehr viel daran liegt, dass ihr Sohn einen gymnasialen Abschluss mit den später besseren Berufsaussichten bekommt, mitgeteilt. Die Mutter macht vehement deutlich: Die Begründung der Note unter der Arbeit reiche ihr nicht aus. Der Vergleich mit der Arbeit des Freundes von Max, der eine »Drei« bekommen hat, lasse an der Berechtigung einer »Fünf« zweifeln. Sie möchte Einsicht in die Korrekturkriterien der Lehrerin.

Wie schütze ich mich als Lehrer davor, mich in meiner Lehrkompetenz so stark verletzt zu fühlen, dass ich impulsiv reagiere und dadurch eine Konflikteskalation bewirke? Wie gewinne ich den Elternteil dafür, mit mir ein ruhiges, konstruktives Gespräch zu führen?

Deeskalation des Konflikts

- Sich zur Person hinwenden, Blickkontakt aufnehmen, einen sicheren Abstand wahren, Drohungen, Belehrungen lassen.
- Die Person mit entschiedener und kräftiger Stimme, der Situation und ihrer Emotionalität angepasst mit Namen ansprechen.

Leitfaden: Mit sich selbst empathisch umgehen
Was ist geschehen?
• Was hat wer gemacht? Was habe ich gesehen, gehört?
• Was habe ich selber gemacht, gesagt?
Welche Gefühle tauchen in mir auf?
• Was fühle ich in Verbindung mit dem Geschehen?
Welche meiner Bedürfnisse, Interessen sind beeinträchtigt?
• Was ist mir wichtig? Was brauche ich?
Welche Handlungsideen erschließen sich für mich daraus und welche Wünsche an den Anderen?
• Was liegt nach meiner Auffassung in meiner Verantwortung?
• Was liegt nach meiner Auffassung in der Verantwortung der anderen Beteiligten? (Eltern, Kind)
Wodurch würde sich meine Situation verbessern?

• Alarmzustand benennen und Aufmerksamkeit der Person erreichen: «Ich höre: So geht das für Sie nicht weiter! Hier muss etwas geklärt werden!«
• Gefühle benennen und anerkennen:
  »Sie sind verärgert, empört! Sie sind in Sorge um die Schullaufbahn ihres Kindes.«
• Bedürfnisse benennen und Entspannung erreichen:
  »Sie brauchen Klarheit über die Kriterien der Benotung, Ihnen ist eine gerechte Beurteilung wichtig!«

Leitfaden: Sich in den Anderen einfühlen

Was ist geschehen?

· Was hat der Andere gesehen, gehört?

Was vermute ich, wie es dem Anderen gehen mag?

· Was mag er fühlen?

Was mag das Interesse, das Bedürfnis des Anderen sein?

· Was mag ihm wichtig sein? Was mag er brauchen?

Was mag die Bitte des Anderen an mich sein?

· Wodurch würde sich seine Situation verbessern?]

· Perspektive aufzeigen und den Kontakt sichern:
»Ich bin interessiert an Ihrer Sichtweise und daran,
wie ihr Kind es sieht. Gerne teile ich Ihnen mit, an
welche Beurteilungsstandards ich mich halte und was
ich beim Lernverhalten Ihres Kindes im Unterricht
beobachte. Gemeinsam können wir eine gute Lösung
für ihr Kind finden. Dazu brauchen wir Zeit für ein
ausführliches Gespräch.«

2.3 Vorbereitung eines Konfliktgesprächs

Mithilfe der Selbstreflexion und des Perspektivenwechsels
gewinne ich Erkenntnisse darüber, was mich bewegt und
was den anderen bewegen mag. Ich nehme die Beobach-

terperspektive ein. So gewinne ich Klarheit über meine Bildungs- und Erziehungsziele im Zusammenhang mit dem Konflikt und kann Handlungsoptionen bedenken.

Auf der anderen Seite kann ich die mögliche positive Absicht hinter der Beschwerde des Anderen erkennen. Damit bin ich in der Lage, meine Gelassenheit in herausfordernden Situationen zu wahren und mein Ohr für die Selbstoffenbarungsbotschaft des Anderen zu öffnen.

2.4 Struktur und Methoden der Gesprächsführung im Konfliktklärungsprozess

Lehrer können bei Beratungsgesprächen mit Eltern im Rahmen der oben beschriebenen vier Schritte – je nach Zieldienlichkeit – folgende Strategien nutzen (siehe ■ Leitfaden 2.4). An gegebener Stelle wird der Gesprächsverlauf mit den Eltern von Max geschildert.

2.4.1 Schritt 1: Das Anliegen aufnehmen

Haltung: Pacing und Leading, Beobachterperspektive
Teilziel 1: Kontakt herstellen und sicheren Rahmen bilden

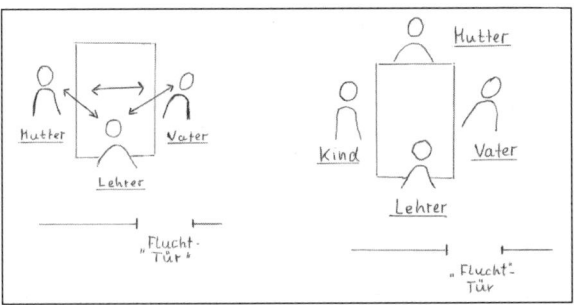

Abb. 3a und 3b: Setting – ggf. auch ohne Tisch (unter Verwendung von Symbolen aus „bikablo® – das Trainerwörterbuch der Bildsprache")

Was sind die Themen und die Ziele?

Um meinen Gesprächspartner zu verstehen und angemessen auf sein Anliegen einzugehen, ist es einerseits notwendig zu wissen, ob es ein Anliegen der Eltern oder des Kindes ist, und andererseits, was genau er/sie mit dem Gespräch beabsichtigt. Ich stimme mich mit ihm ab, formuliere das Gemeinsame auf der Themen- bzw. Zielebene und visualisiere es. Das hilft im Verlauf des Gespräches den roten Faden im Blick zu behalten.

Zum Beispiel: »Was sind Ihre Themen? Was ist Ihr Ziel? Was sind die gemeinsamen Themen und das gemeinsame Ziel?

- Information?
- Klärung?
- Austausch?
- Lösungsfindung?

Wen betrifft das Anliegen genau? Die Eltern? Das Kind? Beide?«

Berührt das Anliegen den Kontakt zwischen mir als Lehrkraft und dem Kind, in dem die Eltern als Interessenvertreter des Kindes agieren, ist es notwendig, das Kind in den Prozess einzubinden und dessen Bedürfnisse in einem Gespräch zu klären. Mit dem Kind entwickelte Lösungswege fördern die Eigenverantwortung, die Eigenständigkeit und die Erfahrung von Selbstwirksamkeit.

Wichtig ist es, klar zwischen den Verantwortlichkeiten und den entsprechenden Lösungswegen jedes Einzelnen zu unterscheiden und sie so miteinander zu verknüpfen, dass sie sich ergänzen.

Am Fallbeispiel Max:

> »Sie sind hier, um die Beurteilungskriterien kennenzulernen. Gibt es weitere Themen, die Sie hier ansprechen wollen? Mein Anliegen ist es, darüber hinaus mit Ihnen über die Schullaufbahnentwicklung von Max zu sprechen.«

Wie ist der Ablauf des Gesprächs?

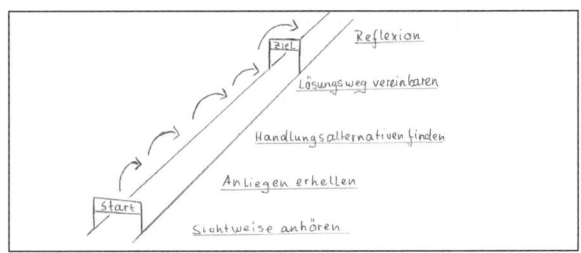

Abb. 4: Gesprächsablauf (unter Verwendung von Symbolen aus „bikablo® – das Trainerwörterbuch der Bildsprache")

Zum Beispiel: »Es geht darum, dass ich Ihre und Sie meine Sichtweise zur Situation kennen. Und dass wir die persönliche Bedeutung für die Beteiligten klären, mit dem Ziel, passende Handlungsalternativen zu finden und Lösungswege zu vereinbaren«.

Wie arbeiten wir zusammen?

Zum Beispiel: »Ich bitte Sie, dass jeder die Sichtweise des Anderen anhört und Unterschiede respektiert. Das heißt, sie so stehen zu lassen und offen für den Prozess und für vielfältige Lösungen zu sein.«

Teilziel 2: Die Sichtweise des Anderen anhören und erfassen

Aufnehmend hören fokussiert die Konzentration auf die Inhalte und nimmt Befindlichkeiten wahr. Präsent sein, d. h., die ganze Aufmerksamkeit und Achtsamkeit dem Gesprächspartner widmen:

- offener, interessierter Blickkontakt
- entspannte, hingewandte und dabei offene Körperhaltung
- Gestik im positiven Bereich zwischen Hüftlinie und Schultern
- freundliche, gewinnende Mimik (Kopfnicken, Anlächeln)
- Hörersignale wie »Hm«, »Aha« senden

Was habe ich gehört? Was sage ich? Wie frage ich?

An diesem Punkt ist es wichtig, dass ich als Lehrkraft bewusst auf meine Impulse und Befindlichkeiten achte. Höre ich einen Angriff auf meine Person oder den Notruf, die versteckten Bedürfnisse?

Aktives Zuhören, d. h. Wiederholen oder Paraphrasieren des Gehörten, hilft dabei, das Gespräch zu zentrieren und zu strukturieren. Es signalisiert Verstehen und trägt zur Klärung von Gedankengängen der Gesprächspartner bei. Es gibt Gesprächspartner, die auf ein solches »klärendes

Spiegeln« irritiert reagieren. Es gilt also zu erspüren, ob und wann aktives oder passives Verhalten sinnvoll erscheint. Ich fasse das Gehörte – die Beobachtungen und das Erleben des Anderen – zum Geschehen zusammen, beschreibe sinngemäß das Wesentliche; ggf. formuliere ich Vorwürfe bereits an dieser Stelle in ein Bedürfnisangebot um.

Ich nehme auf, wie der Andere das Geschehen wahrgenommen hat, und lasse seine Wahrnehmung (»Wahrheit«) so stehen. Welche Handlung, welches Verhalten störte sie/ihn, womit ist sie/er/das Kind nicht einverstanden?

Im Fallbeispiel Max teilte die Mutter mit:

> »Ich habe die Arbeit von Max mit der Arbeit seines Freundes verglichen. Da tun sich mir ja Abgründe auf: Max hat fast das Gleiche geschrieben und wurde anders beurteilt von Ihnen. Außerdem ist ihm vor einiger Zeit der Stempel ›Ungeeignet für das Gymnasium‹ aufgedrückt worden. Nun müssen Sie wohl dahin gehend agieren, dass das auch weiterhin für Sie so stimmt.« Die Lehrerin informiert, dass sie sich an Korrektur-richtlinien der Fachkonferenz hält, die den Eltern zugänglich gemacht worden seien. Ein Vergleich der Arbeiten von Max und seinem Freund könne hier nicht geschehen, sie werde dies jedoch gerne noch einmal prüfen.

Wie frage ich?

Fragen regen Denk- und Suchprozesse an. Sie laden zum Sprechen ein. Fragen ermöglichen, unklare Aussagen zu konkretisieren, und der Gesprächspartner erhält den Spielraum für vielfältige Antworten. Mit der Beantwortung dieser Fragen gewinnen die Beteiligten Informationen.

Offene Fragen werden mit den sogenannten W-Wörtern eingeleitet:

- »Wer, was, wann, wo, wie, womit, woran, worauf, wozu, wodurch?«

Die Fragen werden meistens schon im Problembericht beantwortet, sodass man sie ggf. nicht explizit stellt.

Warum-, Wieso-, Weshalb-Fragen sind in diesem Kontext wenig hilfreich. Sie wirken im Zweifelsfall eher anklagend, lösen dadurch Widerstand aus und drängen den Gesprächspartner in eine Rechtfertigungsposition.

Präzisierende Fragen tragen erheblich dazu bei, das Gespräch zu versachlichen und auf Lösungen auszurichten, indem sie

- Blockaden lösen (»*Das geht nicht! Das ist unmöglich! Das stimmt nicht!*«)

»Was genau geht nicht? Was meinen Sie/das Kind, was sollte geschehen, damit es möglich wird? Was ist Ihnen/dem Kind wichtig? Was wäre für Sie/das Kind stimmig?«

- Verallgemeinerungen konkretisieren (»*Das ist schon immer so gelaufen! Das weiß doch jeder!*«)

»Wie ist der Ablauf genau? Wann genau geschieht das? Was glauben Sie/das Kind, was trägt dazu bei, dass es anders läuft? Wer genau ist daran beteiligt? Wen betrifft das genau?«

- Vergleiche hinterfragen (»*Das geht doch bei X auch! X kann das einfach besser!*«)

»Was genau macht Frau/Herr X anders? Woran merken Sie/das Kind das? Was löst das nach Ihrer Beobachtung bei Ihnen/dem Kind aus?«

- Unspezifische Begriffe klären (»*Das ist extrem krass! Das bringt doch eh nichts!*«)

»Was verstehen Sie/das Kind unter extrem und krass? Welche Stimmung löst das in Ihnen/dem Kind aus? Was brauchen Sie/das Kind, um sich dem gewünschten Erfolg anzunähern?«

- Implizite Annahmen aufdecken (»*Sie haben mein Kind auf dem Kieker! Sie sind ungerecht!*«)

»Wie kommen Sie/das Kind zu dieser Annahme? Was macht Sie/das Kind so sicher, dass das so ist? Was wäre aus Ihrer/des Kindes Sicht gerecht?«

2.4.2 Schritt 2: Das Anliegen erhellen

Haltung: Pacing und Leading, Beobachterperspektive
Ziel: Gefühle würdigen und persönliche Bedeutung klären

Einfühlendes Spiegeln schafft Verbindung durch Verständnis. Das Benennen der Gefühle und das Er- und Anerkennen der Bedürfnisse entfaltet die Beziehungsebene der Gesprächspartner. Ich benenne also die von mir wahrgenommene Befindlichkeit des Anderen und gebe ein Angebot von damit verbundenen beeinträchtigten oder bedrohten Bedürfnissen, Interessen, Motiven, die ich darunter vermute, zu hören glaube.
Am Fallbeispiel Max:

> Die Mutter teilt mit, dass sie Max Hausaufgabenerledigung kontrolliert und mit ihm die Klassenarbeiten intensiv vorbereitet, sodass er zu Hause meistens alles kann.

Die Klassenlehrerin von Max:

»Sie haben Ihr Bestmögliches dazu beigetragen, dass Max gut vorbereitet in die Klassenarbeit geht und seine Hausaufgaben macht. Ich vermute, dass Max die Fünf sehr entmutigt. Möglicherweise führt auch der zunehmende Druck, ins Gymnasium aufgenommen zu werden, dazu, dass er in Prüfungen versagt.« Die Lehrerin berichtet dann, wie versprochen, ihre Beobachtungen im Unterricht: Sie und die anderen Kollegen in den Hauptfächern hätten festgestellt, dass Max im Unterschied zum vorigen Schuljahr im Unterricht kaum noch mitmacht, dass er oft abgelenkt ist oder sich ablenken lässt. Sie vermuteten, dass Max durch die schlechten Ergebnisse bei den Klassenarbeiten zunehmend entmutigt ist und seine Lust am Lernen verloren hat. In Biologie, Politik und Sport sei er gut dabei und erziele deshalb bessere Noten. Doch der Schulerfolg hängt wesentlich von den Hauptfächern ab.

Der Perspektivenwechsel

Er ist hilfreich, um die Sichtweise, die Gefühle und Bedürfnisse des Kindes nachzuvollziehen und besser zu verstehen, was es bewegt und berührt. Die Wahrheit des Anderen wird »entdeckt« und gewürdigt.

Zum Beispiel:

»Was glauben Sie, wenn Sie anstelle von XY wären:

- Wie würden Sie sich fühlen?
- Was wäre Ihnen dann wichtig?

• Was würden Sie sich von den Eltern, den Lehrern
  wünschen?«

Und nach dem Rollenwechsel: »Sie sind jetzt wieder Frau/
Herr … Wie haben Sie es erlebt, als Sie aus der Perspektive des Kindes gesprochen haben?«

In der Regel nehmen die Eltern wahr, dass sich ihr Anliegen nicht unbedingt mit dem Ihres Kindes decken muss.

Am Fallbeispiel Max:

> »Ich möchte an dieser Stelle Max mit einbinden. Für eine gute Lösung ist es wichtig, sich einmal seine Sichtweise, sein Erleben anzuschauen.«

Kreatives, humorvolles Umdeuten – Reframing

Der Fähigkeit, den Blickwinkel zu ändern und das »Gute« im »Schlechten« wahrzunehmen, kommt eine besondere Bedeutung auf der Bedürfnisebene zu. Gebe ich einem Verhalten eine neue Bedeutung, so erhalte ich Hinweise auf die darunter liegenden Bedürfnisse. Wenn ich eine andere Sichtweise einnehme, eine andere Art der Wahrnehmung, erhalte ich Ideen für alternative Handlungsstrategien.

Dem Umdeuten liegen folgende Annahmen zugrunde:

- Jedes Verhalten ist in irgendeinem Kontext sinnvoll.
- Hinter jedem Verhalten versteckt sich eine positive Absicht.

Am Fallbeispiel Max:

> Der Vater hält seinen Sohn für »faul«, die Mutter glaubt, dass er in seiner Entwicklung noch sehr »verspielt« ist. Doch Max ist nach Auffassung der Lehrerin nicht »faul«, sondern »entmutigt«. Wie Prüfungsvorbereitung und Hausaufgabenanfertigung zeigen, ist er »anstrengungsbereit«, er benötige altersgemäß jedoch mehr zum Entspannen und Spielen.

Wer »faul« ist,

... der ist gelassen und entspannt.

... der genießt das Leben.

... der kann Dinge geschehen lassen.

... der kann loslassen.

Bedürfnis: z. B. Entspannung, Ruhe

Hier stellen sich Fragen wie: Wie ist der Tages-/Wochenablauf zeitlich strukturiert? Welche Aufgaben, Hobbys (er)füllen meine Woche etc.? Wo ist der Zeitraum, um z. B. schulische Arbeiten zu erledigen?

Wer empfindlich ist,

... der ist einfühlsam

… der ist feinfühlig

… der verfügt über Beobachtungs-/Wahrnehmungs-
vermögen

… der geht achtsam mit sich um.

Bedürfnis: z.B. gesehen/gehört werden, anerkannt werden.

Fragen: Welche Zeiträume stehen für den Austausch dessen, was mich bewegt, zur Verfügung (in der Familie, in der Klasse)? Wie reden wir miteinander? Wie sicher, wie aufgehoben fühle ich mich? Was brauche ich, um sprechen zu können?

Eine Synthese bilden

Nehme ich wahr, dass die Gefühle und Bedürfnisse meines Gesprächspartners so gewürdigt wurden, dass er mit mir geht und Entspannung sichtbar oder hörbar wird, bringe ich meine Sichtweise und Bedürfnisse in Bezug auf meinen Bildungs- und Erziehungsauftrag ein. Abschließend bilde ich die Synthese, d. h., ich führe das Gemeinsame auf der Themen-, Bedürfnis- und/oder Zielebene zusammen.

Zum Beispiel:

»Sie und mich bewegt/berührt das Thema … gleichermaßen.

Ihnen ist wichtig, dass … Mir ist wichtig, dass …

Ich fasse zusammen: Unsere Gemeinsamkeiten sind …
und das sind die Unterschiede …«

Am Fallbeispiel Max:

> »Ich fasse zusammen: Unsere Gemeinsamkeit ist: Max soll
> den bestmöglichen Schulabschluss erreichen können. Und der
> Unterschied ist: Sie denken, dass das nur möglich ist, wenn er
> das Gymnasium an dieser Schule bis zum Abitur durchläuft. Ist
> das so für Sie stimmig?«

Kommt ggf. keine Zustimmung, bitte ich den Gesprächspartner, seine Wahrnehmung zusammenzufassen, was sie/
er an Bedürfnissen geäußert hat und welche er/sie von mir
gehört hat. Ich stimme mich erneut mit ihr/ihm ab. Erst
wenn die Bedürfnisse klar benannt und gewürdigt worden
sind, werden Lösungen möglich. Ansonsten entsteht eine
sogenannte Konflikt-Trance, die ich daran erkenne, dass
erneut Vorwürfe, Schuldzuweisungen usw. sowie Hilflosigkeit auftauchen und das Gespräch sich im Kreis dreht.

2.4.3 Schritt 3: Lösungswege finden und vereinbaren

Teilziel 1: Wünsche kennenlernen

Haltung: Kooperation und Dialog, Lösungs- und

Ressourcenorientierung

Auf Basis der erkannten und benannten Bedürfnisse werden Handlungswünsche gesammelt. (Ggf. jede/r für sich. Die damit verbundene Absicht ist, dass sich die Beteiligten auf die eigenen, kreativen Ideen zentrieren. Die Wünsche werden als Schlüsselbegriffe auf je eine grüne Karte notiert.)

- Was wünsche ich mir als Lehrkraft von den Eltern/ dem Kind? Wodurch würde sich aus meiner Sicht die Situation verbessern?
- Was wünsche ich mir als Mutter/Vater/Kind von der Lehrkraft? Wodurch würde sich aus Sicht der Eltern/ des Kindes die Situation verbessern?

Teilziel 2: Bereitschaften kennenlernen

Haltung: Kooperation und Dialog, Lösungs- und Ressourcenorientierung

Auf Basis der genannten Wünsche werden konkrete Handlungsoptionen gesammelt. (Ggf. jede/r für sich. Die damit verbundene Absicht ist, dass sich die Beteiligten auf die eigenen, kreativen Ideen zentrieren. Die Bereitschaften werden als Schlüsselbegriffe auf je eine gelbe Karte notiert.)

- Was bin ich als Lehrkraft/Mutter/Vater/Kind bereit zu tun?
- Welche Lösungen sind denkbar?
- Wie stelle ich mir vor, soll das konkret gehen?

Teilziel 3: Gemeinsamkeiten entdecken und Bereitschaften konkretisieren

Haltung: Kooperation und Dialog, Lösungs- und Ressourcenorientierung

Ich reflektiere die Ideen mit den Eltern/dem Kind, ob sie Gemeinsamkeiten aufdecken und wie sie konkret umgesetzt werden sollen. Außerdem: Wie wollen wir mit den Unterschieden umgehen?

- Wo gibt es Übereinstimmungen/Unterschiede?
- Was versteht jede/r genau unter …?
- Was genau bedeutet das für Sie/dich/mich?
- Was soll stattdessen sein?
- Wie kann das genau/konkret gehen?
- Was sind die einzelnen Schritte?
- Was spricht für/gegen die einzelnen Ideen?
- Wen betrifft das noch? Welche Folgen hat das für wen?
- Wie gehe/n ich/wir mit offenen Wünschen/Bedürfnissen um?

Teilziel 4: Sich einigen und Vereinbarung schließen

Haltung: Kooperation und Dialog, Lösungs- und Ressourcenorientierung

Ich einige mich mit den Eltern/mit dem Kind auf eine Lösung und Strategie, in der sich alle Beteiligten wieder finden.

- Realistisch: Ist die Lösung für die Beteiligten aus eigener Kraft umzusetzen?
- Klar: Ist die Vereinbarung klar und eindeutig formuliert?
- Konkret: Wer macht was, wie, wo, bis wann?
  Wen betrifft das noch?

Am Fallbeispiel Max:

> Die Eltern und die Lehrerin sind sich einig, dass Max eine Chance hat, das Abitur auf einem alternativen Weg zu machen. Die Klassenlehrerin informiert über die alternativen Wege: Übergang zur Realschule, nach der mittleren Reife zurück in die Oberstufe eines Gymnasiums oder Übergang zur Gesamtschule und dort das Abitur machen. Der Weg werde von vielen Schülern gegangen und sei Erfolg versprechend, wenn sie fleißig und anstrengungsbereit sind, wie das bei Max der Fall sei. Die vermutlichen Erfolgserlebnisse an der Realschule oder der Gesamtschule würden Max beflügeln, sodass er wieder gerne in die Schule gehen würde. Allerdings seien die 7. Klassen dort oft schon gut gefüllt, sodass es sinnvoll wäre, sich baldmöglichst um einen Platz zu

bemühen. Sie würde die Eltern ggf. dabei unterstützen. Erfahrungsgemäß wechseln Schüler trotz aller Misserfolge sehr ungern in eine neue Lerngruppe. In einem Gespräch könnten die Eltern Max die Zuversicht vermitteln, dass er auf einem ihm entsprechenden Weg wieder Spaß am Lernen gewinnt und sie ihm zutrauen, die Hürde »neue Lerngruppe« erfolgreich zu meistern.

Die Lösung wird ggf. dokumentiert. Das sichert die Verbindlichkeit. Dies kann als Ergebnisprotokoll geschehen oder alternativ fotografisch, wenn sie visualisiert wurde. Jede/r erhält die Dokumentation der Vereinbarung.

Die Nachhaltigkeit sichere ich mit der Vereinbarung eines Folgetermins, wo die Eltern/das Kind und ich uns über den »Lauf der Dinge« austauschen und ggf. das weitere Vorgehen miteinander abstimmen.

Zum Abschluss spreche ich meinen Dank für die Offenheit und das Vertrauen aus.

Ist das Kind direkt vom Konflikt betroffen, folgt ein Einzelgespräch mit dem Kind, um dessen Bedürfnisse und Lösungswege zu klären.

In einem weiteren Gespräch fasse ich das Ergebnis der Gespräche (Bedürfnisse und Lösungswege von Eltern, Lehrkraft, Kind) visualisiert zusammen und stimme den von allen Beteiligten getragenen Lösungsweg ab.

Die Umsetzung des Modells »Gewaltfreie Kommunikation« ermöglicht es Lehrern und Eltern, sowohl im Einzelgespräch als auch in anderen Kontexten konstruktiv zusammenzuarbeiten.

Merkpunkte zum persönlichen Konfliktmanagement

- *Achtsamkeit* im Umgang mit der eigenen physischen und emotionalen Befindlichkeit wahren.
- *Empathie* geben, das Konfliktgespräch mit einer wohlwollenden, ergebnisoffenen Haltung annehmen und den Fokus auf eine kooperative Lösung richten. Anklagen, Beschwerden usw. als Ausdruck von Sorge, Angst, Hilflosigkeit sowie dem Gefühl, dass Bedürfnisse bedroht oder beeinträchtigt sind, verstehen. Sie sind häufig verknüpft mit Gedanken wie dem Vergleich mit Anderen nicht standzuhalten, den gesellschaftlichen Normen und Ansprüchen nicht zu entsprechen, als schlechte Eltern zu gelten, nicht gut genug zu sein, versagt zu haben, schuldig zu sein u. Ä. Bleibt der Andere auf der Ebene der Vorwürfe und Beleidigungen oder bin ich selber emotional bewegt: das Angebot unterbreiten, das Gespräch in einem ruhigen Rahmen zu führen, sodass sichergestellt ist, dass er mir in Ruhe seine Sichtweise mitteilen und ich ihn hören und verstehen kann, was ihn bewegt, und dass wir Lösungswege finden.
- *Bewusstheit* über die eigenen Denkstrategien und professionelle Distanz gewinnen; sich auseinandersetzen über mögliche Konflikthintergründe mit den Methoden Selbstreflexion und Perspektivenwechsel.
- *Präsenz* schaffen und Zeit und Raum geben, den Konflikt im Rahmen eines persönlichen Austausches zu klären.

Die Aufmerksamkeit ganz dem Gesprächspartner widmen, in Verbindung bleiben und zentriert seine Gefühle und die mit ihnen verbundenen Bedürfnisse würdigen.

- *Zentrierung* im Lösungsfindungsprozess auf das, was dem Wohle und der Entwicklung des Kindes dient, und darauf, wie ich als Lehrkraft und die Eltern kooperativ handelnd dazu beitragen können, das Kind in seiner Eigenständigkeit, Eigenverantwortung zu unterstützen und Selbstwirksamkeit zu erfahren.
- *Sprache* ist von wesentlicher Bedeutung für die Verständigung. Wortwahl und Satzmuster wirken in uns. Sie erschließen oder verschließen Handlungsspielräume (v. Scheuerl-Defersdorf 2011).
- *Transparenz* bilden und dem Anderen Einblick in die Absicht meines Handelns in Verbindung mit den Erziehungs- und Bildungsaufgaben und Zielen geben.
- *Einbindung* der am Konflikt Beteiligten je nach Thema, Stand der Dinge in den Prozess. Ggf. Einzelgespräche mit den Beteiligten führen.
- *Kooperation* herstellen und den Lösungsweg sowie das gemeinsame Wirken in einem Gespräch mit den Beteiligten abstimmen.
- *Verbindlichkeit und Nachhaltigkeit* sichern mit einem weiteren Reflexionstermin.

Teil II:

Präventiv handeln –

Grundlagen gelingenden

Zusammenwirkens

zwischen

Schule und Elternhaus

bilden

Erfahrungsgemäß werden der zweite oder weitere Elternabende im Schuljahr oder solche in höheren Klassen von Eltern wenig frequentiert. Anders ist das, wenn es um für Eltern und Lehrer gleichermaßen »brennende« Themen geht wie in den beiden folgenden Beispielen.

Disziplinloses Verhalten der Schüler im Unterricht

Klassen, insbesondere in der Mittelstufe, verhalten sich manchmal über längere Zeit hin disziplinlos. Die Störungen gehen meist von einigen Schülern aus, die sich z. B. weigern, Arbeitsaufträge zu erfüllen, und versuchen, die Lehrer in fruchtlose »Diskussionen« zu verstricken. Ein Teil der Schüler freut sich über die »Arbeitsentlastung«, ein anderer Teil ist unzufrieden mit der Situation. Auch schülerorientierte Lehrer, die einen interessanten, methodisch abwechslungsreichen Unterricht vorbereiten, erleben dann, dass alles Bemühen nichts fruchtet und der Unterricht missglückt. Es ist sinnvoll, ein solches Unterrichtsgeschehen frühzeitig zu unterbrechen und Lösungsmöglichkeiten sowohl in Konferenzen der unterrichtenden Lehrer als auch an einem Elternabend zu suchen.

Bei einem Elternabend geht es darum, die Erziehungspartnerschaft zu stärken. Beide Gruppen sind gleichermaßen in der Erziehung dafür verantwortlich, das kooperative Verhalten der Schüler zu bewirken und zu fördern.

Der Klassenlehrer sollte den Eltern die Situation differenziert schildern: was den Schülern gelingt und was stark verbesserungsbedürftig ist. Wird ausschließlich das Negative benannt, besteht die Gefahr, dass die Eltern sich gegen die Lehrer solidarisieren und ihnen die Schuld zuschreiben. Oft wissen Eltern nicht, wie sehr auch sie dabei gefordert sind und welch wesentlichen Beitrag sie für einen funktionalen Unterrichtsrahmen leisten können. Wenn das an einem Elternabend thematisiert wird und entsprechende Vereinbarungen getroffen werden, ist sehr viel erreicht.

Drogenkonsum

Zufällig erfuhr eine Mutter von ihrer Tochter, einer Schülerin der 7. Klasse, dass auf häuslichen Feten mit Mitschülern Drogen konsumiert werden. Aufgeschreckt informierte sie die Klassenlehrerin und die Klassenpflegschaftsvorsitzenden. Ein Elternabend zu dem Thema wurde einberufen. Um den Kreis der Mitwissenden klein zu halten, wurden die anderen Lehrer nicht eingeladen. Der Abend wurde von der Beratungslehrerin moderiert. Die Quelle der Information blieb anonym, ausschließlich das Faktum wurde benannt. Da Eltern teilweise nicht so genau wissen, was ihre Kinder so »treiben« und befürchten, dass sie mit Drogen in Kontakt kommen könnten, nahmen fast alle an der Sitzung teil. Die Moderation der Beratungslehrerin sicherte einen konstruktiven Verlauf des Abends. Die Eltern waren sich in der gemeinsamen Sorge um ihre Kinder einig und vereinbarten am Ende, aufmerksam auf Signale zu achten, einander ihre Beobachtungen und sich in jeder möglichen Weise gegenseitig zu unterstützen, z. B. sich anzurufen, mit den Kindern sprechen, gegebenenfalls Feten verbieten, sich informell treffen, sich in der Drogenberatungsstelle informieren bzw. beraten lassen.

Ein Elternabend zu solchen Themen fördert die Zusammenarbeit zwischen Lehrern und Eltern. Darüber hinaus wirken Erziehungsthemen über die Eltern unmittelbar in die Familie hinein.

Alles, was Lehrer und Eltern gleichermaßen emotional berührt und bewegt, wirkt als Antriebsmotor für Lern- und Veränderungsprozesse. Es geht darum, diese Basis für das Zusammenwirken im System Schule für die Elternarbeit zu nutzen. Ziel ist es, die Eltern in das Boot Erziehungspartnerschaft einzuladen und in die gleiche Richtung zu rudern. Die Bereitschaft der Eltern, hierbei mitzumachen, steigt, wenn die drei Dimensionen der Motivation in die Elternarbeit einfließen:

• Eingebundenheit (Partizipation) im Sinne von: Ich

bin beteiligt und verbunden mit dem Ganzen.

- Eigenständigkeit (Selbstverantwortung) im Sinne von: Ich habe eigene Handlungsmöglichkeiten.
- Erfolg (Wirksamkeit) im Sinne von: Ich bin wirksam. Es lohnt sich für mich.

Es geht darum, die Grundlagen von Kooperation wie z. B. Vertrauen, Wertschätzung, Anerkennung, Offenheit, Verständnis, Verbindlichkeit zu entwickeln. Dazu braucht es einerseits das Wissen über und andererseits das Erlebnis wertschätzender Kommunikation, Kooperation und Konfliktklärung.

Die Praxisbausteine stehen exemplarisch für Wege, die Elternarbeit zu initiieren, zu aktivieren, zu gestalten und so Erziehungspartnerschaften aufzubauen und zu bilden. Es ist zu prüfen und zu wählen, von wem – dem Klassenlehrer selbst und/oder in Kooperation mit Fachlehrern, Beratungslehrern, Sozialpädagogen und/oder Experten – sie moderiert werden. Die Foren können Elternabende, Projekttage, Pädagogische Tage, Schulentwicklungstage, Arbeitsgruppen sein. Auch in Klassenstunden können die Grundideen und die Inhalte der Bausteine – der Zielgruppe entsprechend aufbereitet und abgewandelt – zur

Klärung von Konflikten zwischen Lehrern und Schülern eingesetzt werden.

Die Arbeitsweise

Handlungsorientierte, erlebnisaktivierende, interaktive Übungen bilden den methodischen Kern der Praxisbausteine. Wo immer es geht, wird mit aktuellen, eigenen Anliegen der Teilnehmer geübt, sofern diese dazu bereit sind und der vertrauliche Rahmen gesichert ist. Das eigene Ich dient als »Resonanzkörper«. Wenn ich mein eigenes Ich einbringe, kann ich die Wirkung in mir authentisch erleben. Meine Selbst- und Fremdwahrnehmung wird geschärft. Des Weiteren gehören das Gespräch zu zweit, der Austausch, die Reflexion über Erlebtes in kleiner Runde und die Präsentation im Plenum dazu.

Die Ergebnisse werden in einer Fotodokumentation gesichert. Mit den Teilnehmern wird abgestimmt, wie sie zur Verfügung gestellt werden (z. B. auf der Internetseite der Schule bzw. der Klasse).

Die Struktur

(Vgl. die exemplarische Darstellung in Kapitel 3.1)

- Einleitungsphase   Ablauf darstellen
- Kernphase   Elemente erarbeiten
- Abschlussphase   Feedback geben

Das Moderationswerkzeug

Beamer, Fotoapparat, Flipchart/Papier, Pinnwände/ Nadeln, Moderationspapier, Material zur Gruppenbildung (Spielkarten, Bonbons, Muscheln, Steine, Fossilien o. Ä.), Klebestifte, Scheren, Wachsmalstifte/Kreide, schwarze Moderationsmarker (Faserstifte), Moderationskarten (hellfarbige DIN-A4-Bögen schneiden); Farben sind Signale und stehen für bestimmte Bedeutungen, z. B.:

- gelb   Beobachtung, Information, Detail
- rot/rosa Gefühl, Wichtiges, Personen
- blau   Bedürfnis, Werte, Thema
- grün   Wunsch, Tun, Ziel, Ressourcen
- weiß   Frage, Offenes, Fehlendes
- grau   Problem, Herausforderung, Störung

Die Raumgestaltung

Optimal ist ein großer Raum mit einem Stuhlkreis und Gruppentischen im Hintergrund.

Die methodischen Leitfäden

Die Übersichten in den folgenden Kapiteln benennen die einzelnen Teilziele und beschreiben das jeweilige Vorgehen sowie das passende Setting (Einzelarbeit, Gruppenarbeit o. Ä.). Sie geben auch Empfehlungen für die anzusetzende Zeit und eventuell erforderliche Materialien.

Ergänzend finden Sie im Internet Vorlagen zum Ausdrucken der einzelnen Praxisbeispiele und zwar

· Anleitungen zu einzelnen Aufgaben
· Informationen als Handouts
· Beschreibungen zu einzelnen Übungen
· Leitfäden zur Gesprächsführung.

3 Kooperation – Miteinander einen sicheren Rahmen bilden

Vertrauen und Offenheit sind wesentliche Elemente für das Fundament einer konstruktiven Zusammenarbeit zwischen Eltern und Lehrern. Der folgende Praxisbaustein zeigt, wie diese Aspekte erarbeitet werden können.

In einer neu zusammengesetzten Klasse stehen Eltern am Anfang eines Schuljahres oft verunsichert vor der Wahl der Klassenpflegschaft. Man kennt sich nicht. Wen soll ich da wählen? Die Haltung der Anderen zu Mitwirkung und Mitbestimmung in Schule kennenzulernen hilft hier, fundiert den Interessenvertreter wählen zu können.

3.1 Sich kennenlernen

(Zeitrahmen 90 Minuten)

Zeit ca.	Ziele/Sozialform/Vorgehen	Materialien/Medien/ Anmerkungen
10	Plenum – Begrüßung und Eröffnung, danach Information mit Ablaufplan	Dekoration, Stuhlkreis/Gruppentische, Namensschilder, Flipchart/ Papier, Pinnwand/Nadeln, Moderationspapier, Plan oder Beamer mit PowerPoint-Präsentation
	Schulererleben und Erfahrungen kennenlernen	
	Der Moderator wählt vorab, welche der Kennenlern-Aufgaben bearbeitet werden sollen. Für jede neue Aufgabenbearbeitung werden andere Zufallsgruppen gebildet.	
je 5	3er/4er-Zufallsgruppen bilden Erläuterung der Aufgabe im Plenum	Spielkarten, Naturmaterialien, Bonbons, Farbkarten
je 10	Gruppenarbeit – Aufgaben a, b, c	◼ Anleitung 3.1.1. gelbe, grüne Moderationskarten, schwarze Moderationsmarker
je 5	Plenum – Präsentation der Gruppenergebnisse durch die Teilnehmer	Moderationspapier, Pinnwand/Nadeln/Klebestift
15	Der Moderator fasst die Gemeinsamkeiten der Gruppen zusammen und visualisiert sie.	Pinnwand
	Fotodokumentation	Fotoapparat

Alternative/Ergänzung als Vorbereitung zur Wahl der Klassenpflegschaft

Zeit ca.	Ziele/Sozialform/Vorgehen	Materialien/Medien/ Anmerkungen
	Haltung zum Zusammenwirken zwischen Schule und Elternhaus kennenlernen	
10	Einzelarbeit – Aufgabe 1	Flipchart/Papier, schwarze Moderationsmarker ◼ Anleitung 3.1.2
15	Partnerarbeit – Aufgabe 2	
25	Gruppenarbeit – Aufgabe 3	
20	Plenum – Präsentation der Ergebnisse durch die Teilnehmer	
	Der Moderator fasst die Gemeinsamkeiten der Gruppen zusammen und visualisiert sie.	
	Feedback der Lehrkraft: Mit welchen Wünschen der Eltern zu meiner Rolle stimme ich als Lehrkraft überein?	
	Fotodokumentation	Fotoapparat
10	Abschlussrunde – Feedback z. B.: Was war wichtig, hilfreich für Sie? Was nehmen Sie mit? Was wünschen Sie sich anders?	

3.2 Grundsätze zum Zusammenwirken definieren

Grundsätze geben Orientierung, sie beantworten für Eltern, Lehrer und Schüler die Fragen: »*Wofür stehen wir als Gemeinschaft? Welche Werte leiten unser Handeln?*« Grundsätze müssen durch Maßnahmen, Aktionen konkretisiert und realisiert werden, ansonsten bleiben sie gute Absichten ohne Wirkung.

(Zeitrahmen 90 Min.)

Zeit ca.	Ziele/Sozialform/ Vorgehen	Materialien/Medien/ Anmerkungen
	Grundwerte gelingenden Zusammenwirkens identifizieren	
10	Einzelarbeit – Aufgabe 1	🔲 Anleitung 3.2.1 und 3.2.2
5	3er-/4er-Zufallsgruppen bilden	Spielkarten, Naturmaterialien, Bonbons, Farbkarten
40	Gruppenarbeit – Aufgabe 2	🔲 Anleitung 3.2.1 1–2 Moderationsmarker pro Gruppe Flipchartpapier
	Verständigung auf Grundsätze zum Zusammenwirken	
20	Plenum – Präsentation der Gruppenergebnisse durch die Teilnehmer	Flipchart
10	Der Moderator fasst ordnend zusammen	
	Bildung einer Redaktionsgruppe: wer, wann, wo, bis wann?	
	Fotodokumentation	Fotoapparat

3.3 Vision zum Zusammenwirken entfalten

Träume von dem *was sein kann*, bewegen Menschen zu handeln und Ziele zu erreichen. Sie berühren, was in ihnen lebendig ist und entfachen die Freude, die Lust zu gestalten. Das eigene Potenzial, die Kraftquellen werden entdeckt und die Zuversicht in das Gelingen mobilisiert.

Dieser Praxisbaustein beruht auf dem Verfahren der „wertschätzenden Erkundung" (Appreciative Inquiry), das von David Cooperrider und Suresh Srivastva entwickelt wurde. Die Gestaltung orientiert sich an den dazu erschienenen Veröffentlichungen von Burrow (2009) und Maleh (2001). Das Verfahren entspricht dem systemisch-lösungsorientierten Ansatz.

Der einseitige Blick auf die Defizite ruft Gefühle von Unlust, Hilflosigkeit, Hoffnungslosigkeit, Aggression oder Resignation hervor. Diese Gefühle lähmen die Initiative und Handlungsfähigkeit.

Wird der Blick auf das zentriert, was bereits da ist und schon einmal erfolgreich war, bringt das die Beteiligten mit ihren freudvollen Erlebnissen in Kontakt, und sie sind innerlich beteiligt. Die Merkmale des Gelingens werden sichtbar und greifbar. Sie werden als Grundlage für die Entwicklung gelingender Kooperation genutzt.

(Zeitrahmen 180–240 Min.)

Zeit ca.	Ziele/Sozialform/Vorgehen	Materialien/Medien/Anmerkungen
10	Einführung in die Methode und den Ablauf	
	Gelingendes wahrnehmen	
10	Einzelarbeit – Aufgabe 1	🖥 Anleitung 3.3.1 grüne Moderationskarten, schwarze Moderationsmarker
	Erfolgsfaktoren identifizieren	
5	Paarbildung	
15	Partnerarbeit – Aufgabe 2	🖥 Anleitung 3.3.1 blaue Moderationskarten, schwarze Moderationsmarker
	Visionen entfalten	
15	Partnerarbeit – Aufgabe 3	🖥 Anleitung 3.3.1 grüne, gelbe Moderationskarten, schwarze Moderationsmarker
5	Gruppenbildung (3 Paare)	
90	Gruppenarbeit – Aufgabe 4	🖥 Anleitung 3.3.1 Flipchartpapier, Moderationspapier, Moderationsmarker, Wachsmalstifte/Kreide, Klebestifte
	Ergebnisse des Entwicklungsprozesses sichern	
30	Plenum-Präsentation	
	Teilnehmer stellen ihre Ergebnisse z. B. mit der Methode »Galeriegang« vor	🖥 Beschreibung 3.3.2

Zeit ca.	Ziele/Sozialform/Vorgehen	Materialien/Medien/ Anmerkungen
	Ausblick – Wie kann es weitergehen?	
30	Kleingruppe(n) bilden oder mit der Großgruppe weiterarbeiten	
	Aufgaben z. B.: • »Zukunftsaussagen« (Teilziele) redaktionell bearbeiten und eine Vorlage erstellen • »Zukunftsaussagen« (Teilziele) priorisieren • »Zukunftsaussagen« (Teilziele) klären z. B. nach der SMART-Formel (vgl. Kapitel 3.4) und Vorlage zur Abstimmung erstellen	
	Themen sammeln, die die Eltern bewegen und von denen sie sich wünschen, dass sie auf Elternabenden näher betrachtet werden, um zu klären, wie Schule und Elternhaus gemeinsam getragene Lösungen finden, z. B. im Hinblick auf: • Störungen im Unterricht • Hausaufgaben, Materialien • Mitarbeit im Unterricht • pädagogische Maßnahmen • Leistungsbewertung • Mobbing • Drogen	

Zeit ca.	Ziele/Sozialform/Vorgehen	Materialien/Medien/ Anmerkungen
	Wenn in einer Kleingruppe weitergearbeitet wird: • Wer ist bereit, in dieser Arbeitsgruppe mitzuwirken? (Optimal: ein Interessenvertreter aus jeder Gruppe) • Wer ist der verantwortliche Ansprechpartner? • Wann wird die Vorlage präsentiert und verabschiedet?	
	Fotodokumentation	Fotoapparat

3.4 Vision zum Zusammenwirken konkretisieren

Das im Folgenden dargestellte Instrument kann sowohl den in Kapitel 3.3 dargestellten Entwicklungsprozess fortsetzen als auch alternativ zur Entwicklung gelingenden Zusammenwirkens von Eltern und Lehrern für sich stehen. Die »Zukunftsaussagen« oder Teilziele werden präzisiert, priorisiert und vereinbart. Sie werden dann arbeitsteilig und interessenorientiert mit dem SMART-Instrument geklärt und die Schritte zur Umsetzung in einem Aktionsplan verankert (■ Anleitung 3.4.1).

Das Vorgehen mit der Metaplan-Methode stellt einen möglichen Weg dar, die Ideen aufzunehmen, zu sichern und die Ergebnisse übersichtlich darzustellen.

Mit Hilfe der SMART-Formel werden Ziele erreichbar, weil:

- **S**pezifisch – Ziele, die entsprechend der persönlichen Situation gewählt sind, zur Identifikation und Verbundenheit mit dem Ziel führen.
- **M**essbar – Ziele, die messbar sind, Fortschritte an den konkreten beobachtbaren Unterschieden erkennbar machen.
- **A**ttraktiv – Ziele, die attraktiv und bedeutsam sind, den Menschen bewegen, sie zu erreichen.
- **R**ealistisch – Ziele, die realistisch sind, die personellen, organisatorischen, finanziellen und politischen Rahmenbedingungen berücksichtigen.
- **T**erminiert – Ziele, die terminiert sind, die Verbindlichkeit erhöhen und zu ihrer Verwirklichung beitragen.

4 Kommunikation – Miteinander reden und einander verstehen

Worte wirken – Wie sage ich, was ich meine so, dass andere es hören und verstehen, dass wir in Verbindung bleiben und partnerschaftlich handeln können? Es geht zum einen darum, Kommunikation als vielschichtigen und mehrdeutigen Prozess transparent zu machen, und zum anderen, für bewusste, achtsame Kommunikation zu sensibilisieren.

4.1 Kommunikation entschlüsseln

(Zeitrahmen 90–120 Min.)

Zeit ca.	Ziele/Sozialform/Vorgehen	Materialien/Medien/ Anmerkungen
	Die vier Seiten einer Nachricht (nach Schulz von Thun)	
30	Plenum – Impulsreferat Impuls – das Missverständnis Input – Die vier Aspekte einer Nachricht; exemplarische Erläuterung der »vier Münder«	Flipchart/Papier 💻 Beschreibung 4.1.1
	Die »vier Ohren« unterscheiden	
45	Plenum – Übung »Mit vier Ohren hören« 4-Ohren-Aufstellung	💻 Beschreibung 4.1.1
	Informationspapiere aushändigen	💻 Information 4.1.2 und 4.1.3

4.2 Wertschätzend kommunizieren

(Zeitrahmen 120 Min.)

Zeit ca.	Ziele/Sozialform/Vorgehen	Materialien/Medien/ Anmerkungen
	Gewaltfreie Kommunikation (GFK) (nach Rosenberg)	
30	Plenum – Impulsreferat und/ oder CD	Flipchart/Papier
	»Gewaltfreie Kommunikation«: • Die Grundidee • Die Haltung • Die Methode	Pásztor (2012): CD 1, Kap. 2 oder/und Abb. 2 (vgl. Kap. 1.2) entwickeln
	Plenum – Rundgespräch Informationspapiere aushändigen	▬ Information 4.2.1 und 4.2.2
	Die vier Schritte der Gewaltfreien Kommunikation erproben	
10	Plenum	
	auf Zuruf Bewertungen, Vorwürfe, Interpretationen usw., die die Teilnehmer berühren und bewegen, sammeln und auf je eine Karte notieren	graue Moderationskarten, schwarze Moderationsmarker
5	3er-/4er-Interessengruppen bilden, Teilnehmer/innen ordnen sich den Karten zu	
20	Gruppenarbeit – Übung: Klärung eines Beispiels entsprechend der vier Schritte	▬ Anleitung 4.2.3.
	Die Wirkung der vier Schritte spüren	
40	Plenum – Präsentation – Feedback	▬ Beschreibung 4.2.4
	Fotodokumentation	Fotoapparat

5 Konflikte gemeinsam klären und lösen

Konflikte zwischen Lehrern, Eltern und Schülern – es gibt sie und es wird sie immer geben. Sie können offen, weniger offen oder verdeckt erlebt, gelebt, erlitten werden. In jedem Fall kosten sie persönliche Energien.

Es gilt, das Konfliktbewusstsein zu aktivieren und Handlungsoptionen für den Umgang mit Konflikten kennenzulernen. Darüber hinaus geht es darum, eine allgemeine »Konfliktlösungskultur« innerhalb des Systems Schule zu verankern.

Wie in den vorausgehenden Kapiteln benennen die Übersichten die einzelnen Teilziele und beschreiben das jeweilige Vorgehen sowie das passende Setting (Einzelarbeit, Gruppenarbeit o. Ä.). Ergänzend werden Empfehlungen für die anzusetzende Zeit und eventuell erforderliche Materialien gegeben.

5.1 Wege aus dem Konflikt finden

(Zeitrahmen 90–120 Min.)

Zeit ca.	Ziele/Sozialform/Vorgehen	Materialien/Medien/Anmerkungen
	Konflikterleben sichtbar machen	
10	Einzelarbeit – Selbstreflexion	◼ Beschreibung 5.1.1

Zeit ca.	Ziele/Sozialform/Vorgehen	Materialien/Medien/ Anmerkungen
20	Plenum – Abbildung der Ergebnisse Methode: Sternpositionierung	gelbe, rote/rosa, blaue Moderationskarten, schwarze Moderationsmarker, Pinnwand/Nadeln 🖥 Beschreibung 5.1.1
	Auslöser und Ursache von Konflikten unterscheiden	
10	Plenum – Impulsreferat Der Moderator entwickelt das Schaubild im Laufe des Vortrages	Flipchart/Papier Information (vgl. Kap. 1.1) Abb. 1 (vgl. Kap. 1.1)
10	Plenum – Rundgespräch	
	Informationspapier aushändigen	🖥 Information 5.1.2
	Konflikte kooperativ klären	
10	Einzelarbeit – Ich-Bereitschaften	grüne Moderationskarten, schwarze Moderationsmarker 🖥 Beschreibung 5.1.3
30	Plenum – Präsentation Die Teilnehmer stellen ihre Ich-Lösungsbeiträge vor.	
	Der Moderator clustert ein Abbild der Gemeinsamkeiten und ermittelt einen Konsens zum Verhalten und Vorgehen bei Konflikten zwischen Eltern und Lehrern.	Pinnwand/Nadeln
	Fotodokumentation	Fotoapparat

5.2 Konflikte entknoten

Selbsteinfühlung und Einfühlung in den Anderen sind ein Weg, beide Seiten eines Konflikts zu betrachten und Erkenntnisse zu gewinnen: *Was berührt, bewegt mich – und was vermutlich den Anderen?* Die Bedürfnisse aufzudecken ist die Kernaufgabe bei der Lösung von Konflikten. Die Klarheit über Bedürfnisse befähigt uns, dazu passende Handlungsoptionen zum Wohle aller Beteiligten zu finden.

(Zeitrahmen 90–120 Min.)

Zeit ca.	Ziele/Sozialform/Vorgehen	Materialien/Medien/ Anmerkungen
	Konflikte einfühlend entknoten	
15	Plenum – Konfliktthemen auf Zuruf am Flipchart sammeln	Flipchart/Papier
	Die Teilnehmer verständigen sich auf ein Konfliktthema, das sie bearbeiten wollen.	
10	Plenum – Konfliktgeschehen definieren	Flipchart/Papier
	Der Kontext wird kurz skizziert: Was ist passiert? Die Schlüsselbegriffe werden lesbar auf Flipchartpapier notiert.	🖥 Anleitung 5.2.1–5.2.3
5	Je nach Teilnehmerzahl werden 12er-/9er- oder 6er-Gruppe/n gebildet.	
5	Diese Gruppen bilden wieder (4er-/3er- oder 2er-)Kleingruppen für die Rollen: Lehrer, Eltern, ggf. Kind	
15	Rollengruppen – Aufgaben 1–3	rosa/rote, blaue, grüne Moderationskarten, schwarze Moderationsmarker
5	Die Gruppe fügt die Ergebnisse zusammen	Pinnwand/Nadeln oder Klebestifte, Moderationspapier 🖥 Anleitung 5.2.4
30	Plenum – Präsentation der Ergebnisse durch die Teilnehmer	

Zeit ca.	Ziele/Sozialform/Vorgehen	Materialien/Medien/ Anmerkungen
	Der Moderator filtert die Gemeinsamkeiten der Konfliktparteien heraus und achtet auf die Differenzierung zwischen *Gedanken – Gefühlen* und *Bedürfnis – Wunsch/Strategie*	
	Fotodokumentation	Fotoapparat
	Konfliktverhalten reflektieren	
10	Einzelarbeit – Reflexion	◼ Anleitung 5.2.5
	Bedeutung der Buchstaben v, a, d, k erst nach der Bearbeitung bekannt geben!	v = vermeiden a = anpassen d = durchsetzen k = kooperieren
5	Plenum – Feedback Stimmt das Ergebnis mit dem Bild, das ich von mir habe, überein? Gibt es neue Erkenntnisse für mich?	

5.3 Probleme anders denken und lösen

»*Warum tust du das?*« – Wo man im pädagogischen und familiären Alltag versucht, mit dieser Frage die Hintergründe zu störenden Verhaltensweisen zu erforschen und Antworten zu erhalten, verstärken sich Schuldgefühle und Widerstand. In dem Verhalten Sinnvolles, Gutes zu entdecken ist dagegen ein kreativer, spannender Pfad der Spurensuche, um »wundervolle« Lösungen zu finden. *(Zeitrahmen: 120–180 Min.)*

Zeit ca.	Ziele/Sozialform/Vorgehen	Materialien/Medien/ Anmerkungen
	Störendem Verhalten/Bewertungen eine neue Bedeutung geben	
5	Plenum – Impuls Der Moderator entwickelt am Beispiel der Bewertung »beleidigt« und/oder »faul«, was das »Gute« im »Schlechten« sein könnte.	Flipchart/Papier ■ Anleitung 5.3.1 und 5.3.2
5	3er-/4er-Gruppen bilden Die Gruppen ziehen 2–3 als Karten vorbereitete Bewertungsbeispiele.	■ Anleitung 5.3.1 und 5.3.2
	Die ■ Anleitung 5.3.1 bezieht sich auf Lehrer-Eltern-Kommunikation, ■ 5.3.2 auf »störendes« Schülerverhalten Alternative: Beobachtungen zu aktuellem störendem Verhalten der Schüler/Kinder benennen und sammeln.	
15	Gruppenarbeit arbeitsteilig – Umdeuten Ideen auf Flipchartpapier lesbar notieren	Flipchart/Papier schwarze Moderationsmarker
10	Plenum – Präsentation der Gruppenergebnisse durch die Teilnehmer	Flipchart/Papier
5	Plenum – Reflexion Impuls: Wie geht es Ihnen mit dieser Betrachtungsweise? Der Moderator notiert die Wahrnehmungen, Erkenntnisse.	Flipchart/Papier
	Alle Menschen haben die gleichen Bedürfnisse	
5	Es werden 3 Kleingruppen gebildet: Lehrer, Eltern, Kinder	
10	Gruppenarbeit – Reflexion Impuls: Was brauchen Lehrer, Eltern, Kinder für ihr Wohlbefinden, guten Unterricht? Jede Kleingruppe sammelt Beispiele.	Flipchart/Papier schwarze Moderationsmarker
10	Plenum – Austausch Impuls: Was fällt Ihnen auf?	

Zeit ca.	Ziele/Sozialform/Vorgehen	Materialien/Medien/ Anmerkungen
	Bedürfnisse hinter Bewertungen erkennen	
20	Plenum – Gesprächsrunde An den Beispielen der Umdeutungen werden mögliche Bedürfnisse der Kinder/Eltern abgeleitet und notiert. Impuls: Sie/er ist faul. Sie/er tut das, weil sie/er ... [Bedürfnis] braucht.	Flipchart/Papier, blauer Moderationsmarker Flipcharts Gruppenergebnisse
	Strategien finden, die dazu beitragen die Situation zu verbessern	
5	Die Teilnehmer einigen sich auf 3–5 Bedürfnisse, zu denen sie Strategien erarbeiten wollen; das, was ihnen wiederholt »unter den Nägeln brennt«.	
5	Es werden Bedürfnisgruppen gebildet. Die Teilnehmer ordnen sich interessenorientiert zu.	
20	Gruppenarbeit – Strategien Impuls: Was kann ich als Lehrer/Schule, Eltern konkret tun, dass ...? Welche Aktion/Handlung/Strategie verbessert die Situation?	Flipchart/Papier schwarze Moderationsmarker
30	Plenum – Präsentation Die Teilnehmer erläutern ihre Ideen.	Flipchart/Papier
15	Einzelarbeit – Reflexion Impuls: Was passt zu mir? Was bin ich bereit konkret zu tun? Wählen Sie eine Aktion! Jeder Teilnehmer notiert für sich sein »Tun« und präsentiert es.	grüne Moderationskarten, schwarze Moderationsmarker
15	Plenum – Präsentation Der Moderator visualisiert das »Tun« und leitet ggf. individuelle Vereinbarungen im Klassenverbund daraus ab.	Pinnwand
	Fotodokumentation	Fotoapparat

5.4 Ressourcenvielfalt nutzen

»*Die Klasse/der Schüler/mein Kind ist so schwierig! Was soll ich tun?*«

Mit der Methode »Kollegiale Beratung« betrachtet eine Gruppe unter Anleitung in festgelegten Arbeitsschritten z. B. eine Situation, ein Thema, Personen und Prozesse (Tietze 2003).

Die Methode eignet sich sowohl für Klassen-Jahrgangsteams (kollegiale Beratung) als auch einen Elternkreis (elterliche Beratung), um z. B. Unterrichtsstörungen, »originelles« (auffälliges) Verhalten von Schülern, Erziehungsfragen zu klären. Erstrebenswert ist es, dieses Verfahren im Rahmen des Schulprogramms zu institutionalisieren.

Die Methode ist hilfreich, weil sie

- Empathie, Verstehen und gemeinsames Beraten in den Mittelpunkt stellt
- den Einzelnen vom Normendruck seiner Rolle entlastet
- das Wissen, die Erfahrungen, die Perspektivenvielfalt der Gruppe nutzt.
- Impulse und Klarheit zu Handlungsstrategien entfaltet
- Energie und Kraft durch die Gemeinschaft gibt.

Ziel ist es, die Wahrnehmung zu sensibilisieren. Es geht

um Reflexion und Erkenntnis. Durch die Rekonstruktion (ggf. handlungsorientiert) eines Geschehens werden neue Sichtweisen und Handlungsoptionen entdeckt, z. B. zu folgenden Bereichen:

- Klärung von belasteten Beziehungen
- strukturierte Bearbeitung von Störungen
- Aufbau eines Feldes zur Förderung persönlicher und sozialer Entwicklung

5.4.1 Rahmen- und Prozessgestaltung

Die *Teilnehmeranzahl* sollte 16 Personen nicht überschreiten. Der maximale Zeitraum umfasst eineinhalb Zeitstunden. Der Erfolg des Verfahrens ist abhängig von der sorgfältigen Beachtung der Rahmenbedingungen, der Prozessschritte und Prozessqualität.

Der *Prozess* basiert auf der Grundhaltung von Wertschätzung und Respekt. Die Beratungsbeziehung muss umkehrbar sein, d. h., jeder muss sich von jedem beraten lassen können und wollen. Hierarchische Beziehungen zwischen den Mitgliedern einer Gruppe sind kritisch. Der Prozess schließt Freiwilligkeit und Wahrung der Vertraulichkeit ein.

Die *Methode* bedarf einer gründlichen Einführung durch einen erfahrenen Moderator. Ziel ist es, dass die Teilnehmer nach einem ausreichenden Übungszeitraum selbstständig die Leitung übernehmen.

Die *Funktion der Leitung* ist moderativ, d. h., sie

- eröffnet und beendet die Prozessschritte
- koordiniert die Beiträge
- ist Wächterin des korrekten Ablaufs und des Timings.

Sie schützt den Fallgeber vor kontraproduktiv wirkenden Bewertungen der Berater. Ebenso wendet sie abschweifende Redebeiträge ab und zentriert die Beratung auf das Kernthema. Das bedeutet, umfassende Kommunikations- und Konfliktlösungskompetenzen zur Verfügung zu stellen.

Günstig ist die Anleitung durch ein *Moderatoren-Tandem*. Eine Person kann die Schritte leiten, die andere den Prozess beobachten und die Ergebnisse visualisieren.

Ein Leitfaden kann den Teilnehmern als Orientierung dienen und den Themenbezug gewährleisten. Dieser Leitfaden ist ein Instrument, das flexibel gehandhabt und abgewandelt werden kann.

Der *Auftrag der Berater* ist, sich aufmerksam und achtsam dem Anliegen des Fallgebers zu widmen und eigene Themen bzw. Anliegen zurückzustellen. Sie sehen ihre Anregungen als Angebot und überlassen dem Fallgeber die Verantwortung für seine Wahl. Sie wahren Vertraulichkeit über die Fakten, Daten, Inhalte der Beratung.

5.4.2 Phasen der kollegialen Beratung

(vgl. ◼ Anleitung 5.4.1 Leitfaden – Kollegiale Beratung)

Einleitung (5 Min.)

Der erste wichtige Schritt ist, sich als Moderator den Auftrag für das Beratungsanliegen des Fallgebers bestätigen zu lassen. Der zweite Schritt ist, sich für seine mit der Prozessgestaltung verbundenen Aufgaben die Zustimmung von den Beratern einzuholen.

Fall schildern – Fallgeber (5–10 Min.)

Der Fallgeber berichtet über eine kritische, ungeklärte Situation. Diese wird zum einen faktisch möglichst genau dargestellt und beinhaltet zum anderen das persönliche Erleben. Er führt ggf. bereits erfolgte Maßnahmen auf. Lösungsansätze, die bisher zu keiner Verbesserung der Situation geführt haben, können somit in Schritt 6 ausgeschlossen und Irrwege vermieden werden. Die Beratungsfrage bzw. das Anliegen wird benannt. Während des Berichts richtet das Beraterteam die Aufmerksamkeit auf die Situation, das Anliegen des Fallgebers.

Wichtig: Der Fallgeber muss selbst Beteiligter sein!

Wahrnehmungen assoziieren – Berater (5–10 Min.)

Die Berater äußern Bilder und Körpergefühle, die der Bericht in ihnen ausgelöst hat (z. B. »Mir zieht sich der Magen zusammen«, »Ich sehe einen Berg«).

Wichtig: Bewertung, Diagnose, Analyse, Ratschläge oder Lösungsansätze unterbinden!

Zum Fallbericht nachfragen – Berater und Fallgeber (5 Min.)

Hier können die Berater um genauere Informationen bitten. Undeutlich gebliebene Aspekte werden geklärt.

Wichtig: Nachfragen und Ergänzungen auf das Wesentliche konzentrieren!

Perspektive wechseln – Berater (10–15 Min.)

In dieser Phase geht der Fallgeber in die Beobachterperspektive außerhalb des Teilnehmerkreises und hört zu. Die Berater betrachten die Situation aus der Perspektive des Fallgebers und der anderen Beteiligten. Sie versetzen sich zunächst in den Fallgeber und dann in die an-

deren Beteiligten hinein. Sie äußern in der Rolle als XY
ihr Erleben, Fühlen und mögliche Motive, Bedürfnisse.
Der Fallgeber erlebt in dieser Phase sowohl Anteilnahme für sich selbst als auch eine Zunahme an Verständnis für die anderen Beteiligten.

Alternativ kann die Methode Umdeuten – Reframing,
Verhalten kreativ eine positive Bedeutung geben, Bedürfnisse erkennen und benennen, angewendet werden.

Wichtig: Wertungen und Lösungsangebote unterbinden – ihnen wird im Schritt 6 Raum gegeben; Bedürfnisse, Motive der einzelnen Beteiligten visualisieren!

Schlüsselfrage formulieren – Fallgeber (10–15 Min.)

Der Fallgeber leitet daraus für die Beratung die Schlüsselfrage ab:

1. »Was kann ich dafür tun, dass …?«

Ggf. beteiligen sich die Berater am (Er-)Finden der
Schlüsselfrage:

2. »Für mich wäre an seiner Stelle die Frage …«

Wichtig: Die Schlüsselfrage visualisieren!

Handlungsoptionen sammeln – Berater (10–15 Min.)

Die Berater entwickeln Handlungsoptionen mit Blick
auf die mit der Schlüsselfrage verbundenen Bedürf-

nisse, Motive der Betroffenen. Dabei ist es wichtig – vor allem bei komplexem Kontext – Ziele und mit ihnen verknüpfte Handlungsoptionen kleinschrittig zu formulieren. Sie führen erfahrungsgemäß zu schnellen, sichtbaren Erfolgen. Ggf. werden offen gebliebene Schlüssel-Fragen in darauf zu vereinbarenden Beratungsrunden bearbeitet.

Wichtig: Anregungen visualisieren!

Bilanz ziehen – Fallgeber (10–15 Min.)

Nicht alle Lösungen lassen sich umsetzen, manche widersprechen einander, und viele sind für den Fallgeber aus unterschiedlichen Gründen nicht praktikabel. Er wählt selbstbestimmt und eigenständig seine für ihn stimmige Handlungsstrategie.

Wichtig: Autonomie des Fallgebers achten!

Verlauf und Ergebnis reflektieren – Fallgeber und Berater (10 Min.)

Der Fallgeber und die Berater geben ein kurzes Feedback zu ihrem Erleben und dazu, welchen Gewinn sie aus der Beratung für sich mitnehmen. Das Geben und Nehmen aller am Beratungsprozess Beteiligten wird transparent und gewürdigt.

5.5 Konflikte mediieren

Konflikte binden persönliche Ressourcen und können die soziale Atmosphäre so stören, dass erfreuliches Zusammenwirken und effektives Arbeiten kaum mehr möglich sind.

Wege aus dem Geflecht möglicher Konflikte zu finden ist auf Schülerebene überwiegend durch die Streitschlichterprogramme und mit der Mobbing-Intervention »No Blame Approach« (Blum u. Beck 2010) geregelt. Erste Projekte mit dem Verfahren *Mediation* Kollegenkonflikte, Konflikte zwischen Lehrkräften und Eltern und zwischen Lehrern und Schulleitung zu klären, wurden von den Schulämtern installiert und werden erprobt.

Mediation ist ein klar strukturiertes Verfahren zur Vermittlung in Konflikten (Besemer 2009). Ziel ist es, das Anliegen jedes Einzelnen zu klären, wechselseitige Verständigungsprozesse anzuregen, tragfähige und nachhaltige Win-win-Lösungen zu entwickeln und zu vereinbaren. Die Präsenz eines neutralen und allparteilichen Dritten (Mediator) bietet den geschützten Rahmen, in dem die Beteiligten ihre Anliegen besprechen und selbstbestimmt regeln.

Jeder Sachkonflikt birgt einen Beziehungskonflikt in sich. Bedürfnisorientierte Mediation berücksichtigt dieses emotionale Spannungsfeld. Sie schafft zunächst den Raum von Empathie, Vertrauen und Offenheit bei den Beteiligten und erreicht dadurch das Gelingen des Prozesses auf der Sachebene. Die Parteien sind die Experten ihres Konfliktes, seiner Umstände/Faktoren und der Lösung. Die Mediatoren sind die Experten des Verfahrens und der Gesprächsführung. Mediation ist sinnvoll, wenn das Ziel ist

- einvernehmliche Lösungen aus festgefahrenen Konfliktsituationen zu finden
- Wege zwischenmenschlicher Kommunikation anders zu gestalten.

Die Konfliktparteien erleben und erfahren unmittelbar, wie sie Konflikte konstruktiv bearbeiten können und das Vertrauen in die eigenen Konfliktlösungskompetenzen steigt. Konflikte, die weder als Bedrohung noch als Schwäche erlebt werden, sondern als Motor für Persönlichkeitsentwicklung und Organisationsentwicklung anerkannt sind, setzen das durch ungelöste Konflikte gebundene Potenzial des Systems frei.

Mediation – ggf. in Verknüpfung mit Coaching – kann darüber hinaus Mobbing präventiv entgegenwirken. Das System setzt ein Zeichen. Es zeigt, dass es präsent und bereit ist, Konflikte offen zu bearbeiten. Es reduziert im Vorfeld den Nährboden für Mobbingverhalten.

Schulleiter, Lehrer, Beratungslehrer, Sozialpädagogen, Personalräte, Elternvertreter verfügen heute teilweise über mediative Kommunikationskompetenzen. Das geltende Gebot »Allparteilichkeit« für Mediatoren stellt für interne Mediatoren ein Hindernis dar. Sie stehen im Spannungsfeld systeminterner Interessen, und die Konfliktparteien haben ggf. kein Vertrauen in das Verfahren und in Win-win-Lösungen. Je nach persönlicher Betroffen- und Befangenheit interner Mediatoren ist zu prüfen, ob externe Mediatoren eingebunden werden müssen, die von allen Parteien akzeptiert werden.

Mediation erhöht, als Element im Konfliktmanagement und im Schulprogramm verankert, die Wahrscheinlichkeit für gelingendes Zusammenwirken in der Organisation.

Literatur

Bauer, J. (2008): Lob der Schule – 7 Perspektiven für Schüler, Lehrer und Eltern. München (Heyne).

Besemer, C. (2009): Mediation – Vermittlung in Konflikten. Königsfeld (Stiftung Gewaltfreies Leben) und Baden (Werkstatt für Gewaltfreie Aktion).

Burrow, O.-A. (2009): Methodenatelier – Wertschätzende Schulentwicklung. Journal für Schulentwicklung 2009 (1):48–55 (Studienverlag).

Blum, H. u. D. Beck (2010): No Blame Approach – Mobbing-Intervention in der Schule. Köln (Fairaend).

Duell, B. u. I. M. Mandac (2003): Konflikttraining mit Eltern – das Kooperationsprogramm für Schule und Elternhaus. Mülheim an der Ruhr (Verlag an der Ruhr).

Gens, K.-D. (2007): Mit dem Herzen hört man besser – Einladung zur Gewaltfreien Kommunikation. Paderborn (Junfermann).

Goleman, D. (1997): Emotionale Intelligenz. München (dtv).

Hart, S. u. v. Kindle Hodson (2007): Respektvoll miteinander leben – 7 Schlüssel zur Konfliktlösung. Paderborn (Junfermann).

Herrmann, P. (2010): Blockaden lösen – Systemische Interventionen in der Schule. Göttingen (Vandenhoeck & Ruprecht).

Hubrig, C. (2012): Gehirn, Motivation, Beziehung – Ressourcen in der Schule. Heidelberg (Carl-Auer).

Hubrig, C. u. P. Herrmann (2005): Lösungen in der Schule. Systemisches Denken in Unterricht, Beratung und Schulentwicklung. Heidelberg (Carl-Auer).

Hubrig, C. u. P. Herrmann, P. (2012): Einführung in die systemische Pädagogik. Heidelberg (Carl-Auer).

Klask, G.: Die Kraft der Sprache – 40 Karten für Pädagogen und Trainer. Erlangen (Lingua Eterna).

Maleh, C. (2001): Appreciative Inquiry – Bestehende Potentiale freilegen und für die Organisation nutzbar machen. Zeitschrift für Organisationsentwicklung 1: 32–41.

Oboth, M. u. G. Seils (2006): Mediation in Gruppen und Teams. Paderborn (Junfermann).

Pásztor, G. (2008): Ich höre was, das du nicht sagst [CD]. Schwäbisch Hall (Steinbach Sprechende Bücher)

Rosenberg, M. B. (2002): Gewaltfreie Kommunikation – Aufrichtig und einfühlsam miteinander sprechen – Neue Wege in der Mediation und im Umgang mit Konflikten, Paderborn (Junfermann), 3. Aufl.

Rosenberg, M. B. (2004): Erziehung, die das Leben bereichert – Gewaltfreie Kommunikation im Schulalltag. Paderborn (Junfermann).

Rosenberg, M. B. (2007): Konflikte lösen durch Gewaltfreie Kommunikation – im Gespräch mit Gabriele Seils [CD]. Schwäbisch Hall (Steinbach Sprechende Bücher). Rosenberg, M. B. (2012): Konflikte lösen durch Gewaltfreie Kommunikation – im Gespräch mit Gabriele Seils. Freiburg (Herder), 15. Aufl.

Schafroth, A. (2006): Unmögliche Eltern, unfähige Lehrer. Tagesanzeiger Schweiz. Verfügbar unter: http://www.rsb-borken.de/fileadmin/Downloads/Lehrerseite/ElternLehrerBeziehung.pdf [20.6.2013].

Scheurl-Defersdorf, M. R. von (2011): In der Sprache liegt die Kraft. Freiburg im Breisgau (Herder).

Scheurl-Defersdorf, M. R. von u. T. R. von Stockert (2012): In der Sprache liegt die Kraft. Sich selbst und andere führen. Erlangen (Lingua Eterna), 2. Aufl. 2012.

Scheurl-Defersdorf, M. R. von (2012): Die Kraft der Sprache. 80 Karten für den alltäglichen Sprachgebrauch. Erlangen (Lingua Eterna).

Scholz, H. (Hrsg.) (2012): bikablo – Das Trainerwörterbuch der Bildsprache. Eichenzell (Neuland), 3. Aufl.

Schulz von Thun, F. (2013): Miteinander Reden 1. Störungen und Klärungen. Hamburg (Rowohlt), 50. Aufl.

Tietze, K.-O. (2003): Kollegiale Beratung. Problemlösungen gemeinsam entwickeln. Hamburg (Rowohlt).

Thomann, C., F. Schulz von Thun (2011): Klärungshilfe 1. Handbuch für Therapeuten, Gesprächshelfer und Moderatoren in schwierigen Gesprächen. Hamburg (Rowohlt), 6. Aufl.

Bähner, C., J. Schmidt, M. Oboth u. a. Weckert (2011): Praxis der Gruppen- und Teammediation. Paderborn (Junfermann).

Über die Autorin

Inge Maria Mandac, 1973–2004 Lehrerin an Gesamtschulen in Schleswig-Holstein und Nordrhein-Westfalen; Schwerpunkte: Fachleitung Wirtschaft, Curriculumentwicklung Fach Arbeitslehre/Wirtschaft, Fachleitung Beratung, Schulprogrammentwicklung, Beratung, Mediation, Lehrerfortbildung. Systemisch-lösungsorientierte Beraterin (ISIS – Institut für systemische Lösungen in Schulen, Köln); Mediatorin BM® (Bundesverband Mediation e. V., Kassel); Elterntrainerin „Starke Eltern – starke Kinder" (Deutscher Kinderschutzbund). Seit 2004 freiberuflich tätig in Weiter- und Fortbildung, Schulentwicklungsberatung, Konzeptentwicklung, Fallberatung und Mediation.

Kontakt: www.mandac-mediation.de